Marie, l'Iroquoise

Olivier Vix

Marie, l'Iroquoise

Roman

ISBN : 979-10-377-9882-4

À toutes les Marie, ces héroïnes anonymes qui ont si courageusement su affronter les turpitudes du XXe siècle

Avertissement

Ce roman est librement inspiré de la vie de la grand-mère de l'auteur.

Chapitre 1
Marie se fait asperger par les Barbus

La tante Duduche aspergeait généreusement la malade d'eau bénite, ramenée spécialement de Lourdes. Comme une mouche qui s'obstine à venir et revenir sur un reste de confiture, elle tournoyait fébrilement autour du lit d'hôpital, mis à disposition par le jeune pharmacien, tout en se signant. Une robe noire, un gilet en flanelle gris foncé, des bas à varices et un chapelet autour de son poignet lui donnaient l'assurance des guerriers parés pour chasser les démons, car, expliqua-t-elle, au moment d'un trépas, il y a regroupement… Les suppôts de Lucifer se donnent le mot : « Eh, les gars, j'ai une adresse, un coup d'enfer… allons tirer les pieds de mamama. »

Mamama ! Mon placebo maternel. Parfaite doublure de la mère. Ma maman à moi, qui plus tard deviendra *Grossmanmin*, grand-mère en alsacien. En russe, je l'appelais ma *babouchka*, ou j'empruntais à l'italien les termes *nonna ou* encore *mamita.* Mais, lorsque je l'affublais de ces sobriquets étrangers, elle ne me répondait que rarement, feignant une certaine surdité liée à l'âge. Elle préférait se faire appeler par ses petits-enfants *mamama* ou tout simplement par son prénom : Marie.

Du haut de son petit mètre cinquante-trois, Marie régnait – d'abord avec fermeté, ensuite, les années aidant, avec la douceur et la clairvoyance des sages – sur une tribu de cinq enfants, dix-neuf petits-enfants et quinze arrière-petits-enfants. Notre société matriarcale était organisée en clans réunis par affinités. Les vertus théologales la gouvernaient.

Il y avait le groupe des modérés, ma mère Madeleine et sa sœur Régine en étaient les principaux membres, qui se conformaient aux oukases du clan des illuminés, que nous surnommions « les Barbus », visant mes tantes Duduche et Balai.

Le clan dissident formé par les impies, les mécréants, les païens, appliquait le décalogue de très, très loin, par procuration. Je me vantais d'en être l'un des membres fondateurs, certainement le plus actif lorsqu'il s'agissait de faire tourner en bourrique la plus radicale de nos tantes.

Nos joutes verbales et nos provocations attiraient, comme un aimant, le fiel de la tante Duduche qui nous promettait les pires supplices, mais, fort heureusement, dans l'au-delà.

Duduche, Doris de son prénom, s'était réfugiée dans la religion comme on se réfugie dans une maison en briques pour se protéger du grand méchant loup… Elle menait une vie d'abstinence, tant en matière de nourriture que s'agissant des autres plaisirs terrestres et bassement animaliers, auxquels, pourtant, elle avait succombé, mais dans le seul but d'enfanter ; du moins c'est ce qu'elle affirmait.

Au sortir de sa période pubertaire, n'ayant pu rencontrer l'homme de sa vie, elle avait décidé de poursuivre une autre chimère en essayant de rencontrer au couvent : Jésus ! Il faut dire qu'elle n'était pas rancunière. Dépourvue des atours qu'une jeune fille de 20 ans peut habituellement exhiber pour attirer le galant dans ses rets, il avait fallu user de toute une stratégie, patiemment mise au point, durant un septennat de prières intensives et de contemplations, avant de trouver le benêt béotien qu'était l'oncle Arthur.

Elle était filiforme, mais grande, démesurément grande aussi, ce qui la faisait ressembler à un escogriffe, un grand échalas. Quand elle sortait avec Arthur, haut de deux têtes de moins qu'elle, les gens lui lançaient :

— Eh regarde, v'là l'Arthur avec son bourdon !

— Doris, t'as mis combien de paniers aujourd'hui ?

La poussée subite de ma tante était survenue vers l'âge de treize ans, en même temps que celle de son acné juvénile, dont elle ne s'était jamais véritablement débarrassée. Son corps s'était révolté, en s'étirant, se déformant au détriment de sa poitrine qui, elle, au désespoir de l'oncle, était restée parfaitement plate.

— Waterloo, Waterloo morne plaine, ne cessait-il de lui répéter !

Sur le long corps de la tante Duduche était posé un ovale en forme de ballon de rugby, étréci par un chignon strict et immuable, sur lequel avait été dessiné un nez aquilin aux ailes serrées dissimulant une bouche étroite et des yeux de souris.

Les « Barbus » formaient un concentré d'ultras, notre sapinière locale en quelque sorte, à l'image de celle créée au Vatican par Mgr Umberto Benigni au début du vingtième siècle. Ils servaient d'agents de renseignements au curé de notre paroisse avec un certain succès. Aussi pouvait-on les entendre jacasser :

— Monsieur le curé, la petite Fabienne est enceinte et on ne connaît même pas le géniteur ! Il paraîtrait que c'est un homme marié qui tient à rester discret…

— Monsieur le curé, l'autre jour à l'office du dimanche, la femme du menuisier, Antoinette, celle qui – à ce qu'il parait – vient d'une famille de protestants, a communié. Quel culot tout de même !

— Ça y est, la *Marie couche toi là* – Suzanne – était encore à la messe. Elle y va tous les jours ! Avec tous les péchés de chair qu'elle a dû commettre, il lui faudra plus d'un siècle de repentance pour se faire pardonner ! Prions pour que Dieu lui vienne en aide…

Bref, des langues de vipères, toujours disposées à aider leur prochain lorsqu'il pouvait être mis au pilori devant la société bienpensante, respectueuses du *qu'en dira-t-on* et des préceptes catholiques inculqués dès leur plus jeune âge par ma grand-mère qui, à présent, était couchée devant moi, entourée par cet aréopage de nonnes en effervescence.

Devant ce tableau insolite, qui n'était pas sans rappeler celui d'un thanatopracteur égyptien avec son assistant, prêt à découper, au silex, les flancs de ce corps étendu pour en retirer les viscères, je restais complètement abasourdi et coi.

Car, enfin, sur cette couche médicale, ne reposait pas une momie ou une âme possédée par un démon. Il s'agissait de ma chère Marie ! Celle qui me préparait tous les matins, inlassablement, mon petit déjeuner et mes repas. Veillait à approvisionner son frigidaire pour le bien-être de la maisonnée. Me réveillait pour que je ne sois pas en retard à l'école, puis au collège, enfin au lycée.

Celle qui transportait par tous les temps son seau de briquettes en claudiquant à cause de son hallux valgus, pour nourrir les différents poêles de la maison, voraces et insatiables, qui pour la remercier diffusaient une chaleur lénitive.

Ma babouchka gisait en chemise de nuit sur ce lit sinistre, réservé aux valétudinaires, son sempiternel chignon défait. Ses longs cheveux noirs d'ébène qui se moquaient ostensiblement des quatre-vingt-onze printemps passés coulaient des deux côtés de l'oreiller. Sa tête restait figée dans une immobilité inquiétante.

Des barreaux horizontaux empêchaient tout contact avec l'alitée qui, retenue dans ce cachot métallique sans toit, ressemblait plus à un gisant qu'à une patiente cacochyme en attente d'un traitement salvateur.

Le corps inanimé de ma chère Marie reposait juste à côté de moi. Son teint hâve, ses dents serrées et le râle qu'elle émettait lorsque son thorax se soulevait démontraient que le mal venant de la terrasser devait avoir été d'une rare violence.

Il était dix heures trente du matin, un matin ensoleillé, mais frais, c'était un jeudi précédant la veillée de Noël.

Chapitre 2
À la source du mal

Hébété, dans un état proche d'un lendemain de cuite, je repris peu à peu mes esprits. J'ignorais l'origine du tsunami qui venait de transformer ma nonna en un mannequin de la Croix Rouge, puisque la seule partie mobile paraissant encore fonctionner était son buste. Désirant ardemment comprendre la situation, je m'enquis auprès de la grande prêtresse, la tante Duduche :

— Que s'est-il passé ? lui demandai-je, fébrilement.

La tante Duduche, trop contente de détenir une information qu'elle savait à mes yeux, capitale, se lança dans une logorrhée avec force détails, un peu comme si elle épluchait un artichaut en me faisant languir le plus longtemps possible, avant de m'en livrer le cœur :

— Nous l'avons retrouvée comme ça, ce matin. J'étais revenue des matines. J'ai naturellement prié pour toute la famille et pour cette pauvre Lucienne qui est décédée dimanche dernier à l'âge de soixante-dix ans. Si ce n'est pas malheureux, partie en quinze jours, dans des souffrances atroces, sans pouvoir manger normalement, en se faisant dessus plusieurs fois par jour, elle ne retenait plus rien. Elle a perdu dix kilos en deux semaines. Le curé a eu du mal à lui donner les derniers sacrements, heureusement qu'il était enrhumé. Il n'a pas pu rester dans sa chambre plus de cinq minutes. Et moi, maintenant, je me retrouve seule à nettoyer la sacristie, je ne sais toujours pas encore qui va la remplacer… Bref ! Qu'est-ce que je disais ? Ah oui !

Personne, je n'ai vu personne. Bon, il était huit heures, je sais bien que ta mère fait parfois la grasse matinée, mais en plein milieu de la semaine tout de même ! J'ai toqué plusieurs fois à la porte d'entrée, puis, comme personne ne répondait, je suis passée par-derrière, par la terrasse. Fermée également ! Alors je me suis dit que Madeleine, ta mère, devait être partie faire les courses. Je suis rentrée chez moi et j'ai mis le pot-au-feu en route, tu sais combien ton oncle Arthur l'apprécie.

Je bouillonnais intérieurement, mais n'osai l'interrompre, car j'attendais impatiemment que le renseignement demandé arrive… enfin !

Elle poursuivit :

— Une fois les légumes épluchés, je me suis dit que j'allais passer un coup de téléphone à Madeleine, il devait être… neuf heures, il me semble que Jacques Pradel avait déjà commencé son émission. À moins que ce ne soit Yves Calvi, je ne sais plus. Cela n'a pas d'importance. Je laisse sonner une fois, deux fois, trois fois, au bout de la dixième sonnerie, personne ne décroche. Les volets étaient ouverts chez vous, donc je me suis dit que Madeleine était levée. Je suis ressortie pour tambouriner à votre porte et finalement, elle s'est ouverte toute seule puisqu'elle n'était plus fermée à clé. J'ai tout de suite constaté que la trousse du docteur Martin était posée sur votre table de cuisine. Le petit déjeuner n'était pas débarrassé. Il y avait des miettes partout. Je me suis précipitée dans votre salon, pour découvrir maman inerte, Madeleine en larmes à côté et le docteur Martin en train d'ausculter maman.

Elle s'arrêta net, comme si elle s'était déchargée, les piles vidées. Elle attendait que je la relance. Je me disais que je n'avais toujours pas l'information que je sollicitais et, après tout cet exposé, j'en savais plus sur cette pauvre Lucienne que sur ma nonna.

— Et que t'a dit le médecin ? lui demandai-je au bord de la crise de nerfs.

— Tu penses bien que je ne l'ai pas interrompu tout de suite. Quand il a terminé avec maman, il nous a pris à part.

Elle chuchota à présent comme si elle se trouvait dans une église en train de se confesser.

— Maman a eu une nouvelle attaque. On ne sait pas du tout comment ça va se terminer (entendu qu'elle le savait, mais ne pouvait pas en dire plus). Elle s'arrêta, satisfaite de son effet.

Un AVC ! Pourquoi la tante Duduche se prenait-elle pour une lavandière de la nuit ou la Santa Compana ? Comme si ma mamita ne pouvait pas surmonter un AVC de plus, me disais-je intérieurement. La tante Duduche semblait se délecter dans sa nouvelle fonction d'annonciatrice de mauvaises nouvelles, en semant la désolation et le désespoir autour d'elle. Alors que de l'espoir moi, j'en avais toute une réserve. Car enfin, il ne s'agissait là, somme toute, que du cinquième AVC. Les quatre autres avaient fait long feu. Ma chère Marie les avait surmontés avec courage et détermination, gardant une lucidité et une agilité d'esprit que jalousaient ses enfants et toutes les vieilles du quartier. Il est vrai que l'on ne vient pas à bout de quatre attaques sans y laisser à chaque fois un peu de soi. Elle prenait sur elle, sans se plaindre, considérant ces évènements comme des épreuves divines. Un AVC signifiait moins d'indépendance et un peu plus de souffrance. Ainsi, après la première attaque, la vue a commencé par baisser, à la deuxième attaque, la main gauche est restée figée. Le troisième accident fut terrible ! La machine s'était grippée pendant plus d'une semaine. Elle ne reconnaissait plus personne.

Finalement, à force de motivation et d'obstination, seul le côté gauche du visage était resté figé comme pris dans de la glace. Le dernier AVC fut lâche, violent et fatal pour l'autonomie de Marie. Elle y laissa la moitié de tout son corps après une bataille de dix jours.

Hémiplégique ! Nous l'avions récupérée, paralysée, incapable de se mouvoir, de s'habiller, de se nourrir, d'aller aux toilettes. Mais toujours lucide ! Alors affirmer, après m'avoir parlé de sa Lucienne, que cette attaque pouvait être la dernière, me mit dans une colère noire qu'intérieurement je m'efforçai de réprimer pour éviter de faire d'inutiles esclandres.

Chapitre 3
Jiminy Criquet

Les yeux rivés sur ce corps quasi inerte, j'imaginais que ma nonna m'observait malgré tout avec ses yeux noisette que ses paupières, obstinément closes, dissimulaient.

Je revoyais ses yeux et cette lueur malicieuse qu'ils renvoyaient. Malgré ses AVC successifs, son intelligence naturelle ne l'avait pas quittée. Dans son regard, on ne lisait que de la bienveillance et de l'empathie. Lorsqu'elle vous fixait, on ne se sentait ni évalué, ni jaugé, ni encore moins jugé. Une inaltérable bonté avec un pouvoir régénérateur puissant traversait ses grosses lunettes qu'elle avait dû prêter à Robin Williams pour jouer Iphigénie Doubtfire.

Depuis quelque temps, il est vrai, malgré les efforts de son entourage, le dévouement de ma mère et l'attention continue que nous lui témoignions, elle rejoignait de plus en plus souvent une terre inconnue qui nous était inaccessible, devenant de plus en plus insensible au monde extérieur. J'essayais, lors de mes passages, hélas trop rares, de la sortir de cette torpeur. Pour la distraire, j'avais décidé de lui apprendre à parler l'anglais et de surfer, avec elle, sur le web.

Elle maîtrisait parfaitement l'allemand et se débrouillait plutôt convenablement en français. Mais la langue de Shakespeare lui semblait être un jargon abscons *débité par un individu ayant une pomme de terre brûlante en bouche*, ne cessait-elle de préciser.

Toutefois, malgré des débuts hésitants, elle sut dire assez rapidement :

— *Hello, my name is Mary, how do you do* ?

— *I leave in Kilstett and you? I like to eat lamb brains with potatoes.*

Parfois, je l'avoue, j'arrivais à glisser discrètement :

— *Religion sometimes annoys me and Victor my grandson is wonderful !*

Nous passâmes ensuite à l'ordinateur pour découvrir la toile.

Un monde nouveau s'ouvrait à elle qui, loin de l'inquiéter, l'émerveillait. Les possibilités qu'offraient les moteurs de recherche sur le net semblaient inépuisables. Nous orientâmes nos recherches d'abord vers des sujets exclusivement religieux, puis nous nous permîmes quelques incursions historiques, locales puis plus générales.

Je lui faisais raconter sa vie dans un micro ; les deux guerres qu'elle avait traversées, Paris, le déplacement des Alsaciens en 1939, son mariage arrangé, sa vocation religieuse contrariée, son enfance, sa famille, ses secrets… Je revenais à la charge lorsque, lasse, elle protestait en me disant :

— Laisse-moi tranquille maintenant. Je suis fatiguée. Je ne me souviens plus.

Ou elle rajoutait :

— À quoi cela va-t-il te servir, de remuer le passé ?

Mais je ne lâchais rien. En tournant les pages de sa vie, je découvrais aussi l'histoire de notre province, l'Alsace ! Cette région de passage nichée au cœur de l'Europe, avec ses trois frontières, qui au cours des XIXe et XXe siècles fut le théâtre de trois conflits, dont deux mondiaux. Ce beau jardin vanté par Louis XIV qui avec l'aide de Vauban nous l'avait ravi et où coexistaient plutôt paisiblement, durant plusieurs siècles, les trois grandes religions, catholique, protestante et juive, grâce au Concordat toujours en application.

Je persévérais dans ma quête, insatiablement, car une grande partie du puzzle me manquait.

Assis, silencieusement au chevet de ma chère Marie, laissant filer les heures, je pris sa main. J'essayais d'être connecté pour évaluer l'étendue des dommages générés par son attaque. J'inspirais lorsqu'elle inspirait. J'expirais quand elle expirait.

Introvertis tous les deux, nous ne faisions jamais éclater nos sentiments, mais étions reliés par des liens invisibles et profonds. Nous communiquions par le regard, des gestes, quelques paroles taquines. Nous nous fâchions rarement. Lorsqu'une mésentente pointait, nous emmenant au bord d'une pseudo-rupture, nous nous réconciliions presque immédiatement après, très vite.

J'éprouvais, en sa compagnie, le même bien-être que celui que l'on peut ressentir après une journée caniculaire et étouffante, lorsque le vent frais et léger fait bruisser les feuilles des arbres, un soir d'été.

Nos relations étaient bâties sur du béton armé, stables, immuables et fiables. L'amour qui nous unissait, puisait ses racines dans un lien filial, mais était transcendé, car il n'y avait pas d'enjeux éducatifs, ni la volonté d'installer une relation de domination ou d'autorité. Elle était ma tisane bienfaisante, mon Jiminy Cricket, un phare qui rappelle la bonne direction aux marins égarés, l'anneau du port qui stabilise votre navire et vous protège de la tempête. J'étais pour ma nonna, je pense, un fils sur le tard, sans concurrence, avec le temps pour elle, l'expérience, une confrontation quotidienne et constructive de deux mondes, l'un moderne, en devenir, l'autre passé, avec son vécu, ses connaissances accumulées, permettant de mettre en relief les petits évènements de la vie. Nous discutions de tous les sujets possibles, sans restriction ni tabou. Nous philosophions sans en avoir l'air, nous évoquions souvent l'histoire de notre région que nous aimions profondément. Lorsqu'elle me regardait, je sentais qu'elle admirait le rejeton que j'étais, fière d'être devenue la mère de substitution que je m'étais fabriquée.

Chapitre 4
Tante Duduche écoute les Bee Gees

Mes réflexions furent troublées par la troupe des Barbus qui investit, pour la deuxième fois, la chambre de la malade, en proférant des exécrations funèbres, pour tenter de débusquer le démon puisqu'elle ne l'avait toujours pas trouvé…

Je serrais plus fortement la main de Marie en me donnant l'illusion de lui transmettre un fluide vivifiant, une énergie bénéfique. Mais le brouhaha mystique s'intensifiait et bourdonnait dans mes oreilles. Aux suppliques aux morts, il venait à présent se mêler une voix d'outre-tombe, celle de sa Sainteté le pape, que notre vieux magnétophone déversait obstinément.

Il faut dire que notre tante Duduche, en pèlerinage à Lourdes, avait fait le plein de toutes les bondieuseries en vente auprès des marchands du Temple en nous rapportant, outre de nombreuses statuettes de la Vierge en plastique remplies d'eau bénite, la collection complète des messes récitées par Jean-Paul II, soit une bonne trentaine de cassettes audio. La tante Duduche profitait ainsi de tous les évènements religieux pour justifier l'audition de ces messes sur bande magnétique : Pâques, Noël, le Carême, la Pentecôte, l'Ascension, l'Assomption, le décès d'un voisin, d'une voisine, d'une lointaine cousine, le changement du maire, d'un député. Tout était bon pour sortir le vieux magnétophone. C'était en quelque sorte sa manière d'avoir un retour sur investissement.

Fort heureusement, Duduche n'entendait rien en matière informatique. Elle ignorait l'existence des clefs USB dont les nombreux gigas auraient pu contenir toutes les messes du monde célébrées depuis le concile de Latran. Je regrettais, en revanche, qu'elle n'eût pas plutôt choisi les messes récitées par le prédécesseur du Pape alors en fonction. Il y aurait eu indéniablement moins de messes enregistrées… Cependant, les trente cassettes écoutées bout à bout permettaient tout de même de passer une bonne semaine dans la basilique Saint-Pierre sans quitter son fauteuil. Les jours des cassettes audio étant comptés, j'avais pris mon mal en patience et les remplaçais parfois, discrètement par d'autres cassettes plus alertes et entraînantes, celles des *Bee Gees* notamment. Je dois avouer que j'éprouvais à chaque fois une petite jouissance intérieure lorsque la tante Duduche actionnait le lecteur à bande. Brusquement, elle sursautait comme atteinte d'un spasme irrépressible sur son prie-dieu, le chapelet autour des mains, son air pénétré et recueilli devenait une moue grotesque et hystérique alors que le magnétophone diffusait innocemment, avec entrain, les premières notes de *Stayin alive* ou de *Too Much Heaven*. Une longue litanie sur le rangement et l'éducation succédait immanquablement à ces épisodes intempestifs et musicaux, adressée à cette pauvre Madeleine, qui s'excusait des facéties de ses diables d'enfants.

Pour l'heure, nous n'étions pas très éloignés des paroles de la chanson des *Bee Gees* :

Whether you're a brother or whether you're a mother, you're stayin' alive, stayin' alive.

Feel the city breakin' and everybody shakin', and we're stayin' alive, stayin' alive.

Ah, ha, ha, ha, stayin' alive, stayin' alive.

Ah, ha, ha, ha, stayin' alive.

Ma chère Marie devait bouger et rester en vie. Elle luttait précisément pour cela. La matinée tirait doucement sur sa fin, rythmée par des oraisons jaculatoires, entrecoupées par le souffle irrégulier de mamama. Les membres du clan se succédaient, s'agglutinaient autour de sa couche. Après plusieurs heures assis près de ma nonna, toujours main dans la main, mon esprit s'embruma et des souvenirs, d'abord confus, puis de plus en plus précis, se bousculèrent. Les histoires racontées et rabâchées avec une patience d'ange, complétées et améliorées au fur et à mesure des versions avec munificence, stockées dans les archives « à réutiliser plus tard » refirent surface. Resurgissant d'un passé délicieux, elles m'apparurent comme *le Téméraire* de Turner avant son dernier voyage. Hallucinations ou souvenirs ?

Spectateur d'un cabaret derrière une vitre opaque, assistant à une représentation à laquelle je n'avais pas été convié, je redevenais, pour un instant, l'enfant blotti dans les bras de sa grand-mère, suçant son pouce en somnolant dans la chaleur tranquille du feu de cheminée, qui lorsqu'il consumait du bois vert, sifflait comme un serpent tout en dégageant une forte odeur de fumée.

J'imaginais ma babouchka en train de raconter, à nouveau, l'histoire du soir que nous lui arrachions quotidiennement pour gagner quelques précieuses minutes sur nos nuits noires et solitaires. La petite Grettele qui sauva son frère Hansele en jetant la méchante sorcière dans son feu ; le Petit Poucet qui eut l'excellente idée de semer ses cailloux pour retrouver son chemin ; celle du Petit Chaperon Rouge allant rendre visite à sa grand-mère qu'il confondit avec le Grand Méchant Loup et aussi l'histoire de la maison de pains d'épice qui m'avait poussé à gratter une partie du crépi de celle de Marie, pensant découvrir derrière cette peau protectrice en chaux, un mur de cette friandise exquise prête à être consommée, ce qui eut pour effet d'aggraver encore un peu plus l'état général du logis de ma nonna.

Chapitre 5
La maison de Marie prend l'eau

Le logis de Marie précisément ! Située au voisinage immédiat de la maison de ma mère, Madeleine, cette ancienne ferme ressemblait à un lépreux perdant sa peau par lambeaux entiers. Elle portait les stigmates de son âge et des nombreuses maladies dont elle était atteinte. Depuis deux ans déjà, elle avait été délaissée par notre nonna qui, la mort dans l'âme, s'était résolue à venir s'installer chez ma mère, non seulement en raison de son état de santé, déjà bien altéré, mais aussi de celui de sa ferme alsacienne, lequel n'avait cessé d'empirer.

Le constat restait sans appel. Les poutres en chêne de la charpente, dévorées par les vrillettes et le capricorne, s'amollissaient de l'intérieur. Le salpêtre et les mérules avaient pris possession d'une partie des murs d'où sortaient la paille et des morceaux de bois composant naguère le torchis. L'étanchéité de l'immeuble, depuis longtemps déjà, n'était plus assurée. Le toit en bardeaux laissait, sans le moindre complexe, la pluie, la grêle et la neige pénétrer dans le grenier, puis dans les chambres du premier étage, auxquelles on accédait par un escalier en bois qui, à chaque fois que quelqu'un osait l'emprunter, gémissait.

La façade sur rue, côté sud, faisait étrangement penser à un patchwork. Les soubassements, vidés du bois et de la terre argileuse, avaient été comblés par des briques. Des panneaux en contreplaqué, servant de cache-misère, couvraient le niveau supérieur à partir du premier étage. Le petit toit sur façade, si typique des maisons alsaciennes, dont la présence permettait de maintenir le mur au sec, avait purement et simplement été supprimé. Un morceau du pignon manquait sans que le propriétaire ait eu la bonne idée ou la volonté de le remplacer. Le côté est s'enfonçait irrémédiablement dans le sol, comme absorbé progressivement par la petite cave en terre battue, creusée sous une partie de la maison, qui semblait vouloir l'attirer vers le tréfonds. L'affaissement qui en découlait déformait l'ensemble des pièces qui, de carrés, devinrent parallélogrammes trapézoïdaux. Cette évolution géométrique permettait à de nombreux résidents indésirables de profiter de la chaleur du foyer. Ainsi, les nuits s'achevaient-elles souvent, par des courses poursuites contre des insectes ou des rongeurs peu désireux de quitter les lieux si accueillants, ouverts à tous les vents. La végétation profitait également de l'aubaine en poussant ostensiblement à l'intérieur des chambres. Nous moissonnions régulièrement des graminées jouissant, sans vergogne, de cette serre artificielle.

Avec le temps, la fine couche de crépi de la façade nord s'était estompée, laissant apparaître, à nu, le torchis qui luttait désespérément contre les agressions météorologiques. Son pignon, exposé à toutes les intempéries, avait « provisoirement » été fermé – depuis plusieurs décennies tout de même – par des planches de fortune.

Une cuisine en dur construite dans les années cinquante, à la place de l'ancienne écurie, sur le côté oriental, fut l'un des rares ajouts concédés à la modernité tout comme les lieux de commodités qui, avant, comme dans de nombreuses fermes, se résumaient en une cabane extérieure surplombant judicieusement le tas de fumier.

Le plancher faisant office de plafond de la petite cave s'était effondré depuis une dizaine d'années, condamnant définitivement l'accès à la pièce située au-dessus d'où émanait de persistantes odeurs d'humidité et de terre battue.

Ne restaient accessibles au rez-de-chaussée qu'un vestibule pavé de tommettes anciennes, la cuisine, avec son arrière-cuisine et les toilettes, la *stub* – notre pièce d'apparat – servant de salle à manger laquelle avait été convertie par mes soins et contre l'avis des Barbus, lorsque j'habitais chez ma grand-mère, en un bureau, et à côté, sa chambre.

Le premier étage, réservé à l'origine aux autres chambres à coucher, était devenu quasi inexploitable compte tenu de la déformation générale du bâtiment et d'un côté nord théoriquement inaccessible étant donné la fragilité du plancher de ce côté-ci de la maison, souvent humide. Naturellement, pendant notre enfance, nous mettions un point d'honneur à ne pas respecter les consignes de nos grands-parents, en éprouvant directement la solidité de ces planchers qui pouvaient prétendument céder à tout moment.

Adolescent, j'avais toutefois réussi à aménager une partie du côté sud du premier étage en une chambre à coucher, hélas dépourvue d'un chauffage. L'inclinaison du plancher me faisait voyager irrémédiablement toutes les nuits vers le nord-est, comme si la petite cave du sous-sol essayait chaque soir de m'entraîner dans ses méandres souterrains. Lorsqu'il pleuvait, l'absence d'étanchéité de la toiture me faisait subir le supplice chinois de la goutte d'eau qui se déversait obstinément avec une arythmie irritante, à l'intérieur des seaux placés à proximité de mon lit.

La pluie n'était d'ailleurs plus, depuis longtemps, gérée par les canalisations de toiture. L'absence de terminaisons des gouttières pointait l'inconséquence du propriétaire qui, faute de moyens, de temps ou de conviction, ne les avait pas réinstallées depuis plusieurs décennies… L'eau du ciel se retrouvait ainsi dirigée vers un tonneau en plastique bleu dont le mérite était de servir à la fois de réceptacle aux eaux pluviales et de lieu d'exécution des rares rongeurs que je parvenais à attraper dans les pièges que je posais régulièrement.

Lorsque ces pièges me gratifiaient de quelque prise, je me donnais alors des airs de procureur, de juge et d'exécuteur des hautes œuvres, en cumulant toutes ces fonctions pour diriger le procès contre l'intrus malfaisant qui avait enfreint notre propriété. Je lui lisais les réquisitions du Ministère public, je prononçais la sentence – irrémédiablement la même –, le supplice de la noyade, et je l'exécutais dans le grand tonneau bleu. J'avais, en quelque sorte, recréé mon pont du Corbeau qui jadis au Moyen Âge, à Strasbourg, servait de lieu des exécutions par noyade grâce au *Schandkorb*, une sorte de grand panier tressé dans lequel était recroquevillé le condamné. Bien entendu, je ne rajoutais pas dans ce panier, comme au quinzième siècle, un pauvre chat, pour vérifier si la sentence avait été correctement exécutée. Mais l'envie d'observer cette sage précaution m'était parfois venue, ne serait-ce que pour sanctionner la paresse de celui dont j'effectuais le travail.

Le logis de Marie, ce magnifique corps de ferme avec ses quarante ares de terre en plein milieu du village, n'était plus que l'ombre de lui-même. Une bicoque amputée de ses bâtiments accessoires, un reliquat d'une maison alsacienne usée par le temps, victime d'un entretien approximatif et irrégulier et des guerres, enserrée par une ceinture de béton servant de cheminement pour accéder à un minuscule jardin entièrement occupé par un épicéa qui avait décidé de prendre ses aises.

Rafistolé, bricolé, replâtré et bouché par touches successives, il avait perdu sa fière allure d'antan et semblait n'attendre qu'un petit coup de vent pour rendre son dernier souffle.

Pourtant, cette ferme – à présent la plus âgée du village (un peu comme notre nonna) – fut belle et accueillante. Sa façade ouest, mieux préservée des outrages du temps, permettait de se faire une idée plus précise de son état d'origine. Elle restait colorée par ce bleu typique des fermes du dix-huitième siècle. Sur la poutre principale médiane, séparant le rez-de-chaussée du premier étage, étaient cloués plusieurs fers à cheval porte-bonheur rouillés, alors qu'une belle porte en chêne geignait chaque fois qu'on l'actionnait pour entrer dans la maison.

Elle avait vu passer des générations et de grands personnages et recelait quelques secrets bien cachés. La petite Histoire s'était mêlée à la grande. Ne lui manquait plus que la parole pour nous faire remonter le temps… Mon esprit s'égarait, il vagabondait dans la pièce où agonisait Marie, à la recherche d'objets apotropaïques prêts à venir à son secours, une statuette de la Vierge, quelques images pieuses.

J'imaginais que sa maison prenait vie, ses fenêtres devenaient des yeux, ses volets, des paupières, sa porte ouverte, une bouche, ses huisseries, ses lèvres.

Un voile protecteur m'enveloppa et soudainement je vis que les huisseries de la maison de Marie commencèrent à remuer, à chuchoter, puis, tel un griot africain, à me conter son histoire, pendant que tout entier je m'évadais dans un monde paisible à l'époque où l'immeuble-griot vit pour la première fois le jour.

Chapitre 6
Un greffier-bâtisseur

L'immeuble-griot démarra son récit par sa construction ou plus précisément par le jour où l'idée de sa construction avait germé dans la tête de son maître d'ouvrage, un certain Jérôme Pettmesser…

Alors que Jérôme Pettmesser, greffier du bailli de la Wantzenau, apportait une dernière retouche au courrier des us et coutumes en vigueur dans son bailliage, destiné à M. de Corberon, premier président du Conseil souverain de Colmar et conseiller d'État, une clameur s'éleva dans tout le village de Kilstett. On venait d'annoncer le passage de Marie Leszczyńska, seconde fille de Stanislas Leszczynski, roi de Pologne déchu, exilé à Wissembourg. Elle devait, dans les heures à venir, traverser le village avec toute sa famille, pour rejoindre Strasbourg où l'attendait le grand aumônier de France, le cardinal de Rohan, qui célébrerait dans quelques jours, son union avec l'héritier du trône de France.

Comment cette petite Polonaise, qui vivait modestement dans un hôtel retiré au nord de l'Alsace, loin des ors des palais, avait-elle pu être choisie parmi toutes les princesses de sang pour être la future reine de France ? Le greffier resta songeur sans pour autant traîner. Il devait remettre ses écrits avant la tombée du jour et se promit de rendre visite, tout de suite après, à son pygmalion, le prévôt Jean-Michel Elssaesser qui détenait toujours des informations de première main.

En ce 4 juillet 1725, Jérôme Pettmesser n'était pas obnubilé par le passage de la future reine, bien que l'évènement fût d'importance.

Il était concentré sur l'organisation de son nouveau chantier, car il venait d'hériter de son épouse, qui l'avait quittée depuis six mois déjà, d'un magnifique terrain, idéalement situé au centre du village. Pour ne rien laisser au hasard, il s'était attaché les services de maître Schneider, l'un des meilleurs charpentiers du bailliage, demandé jusqu'à Strasbourg. Mais avant de le faire intervenir, il avait sollicité l'aide de son ami d'enfance, Etienne Reinhard, maçon de son état, pour construire les soubassements et la cheminée de sa future maison. Cette maison, le greffier l'avait imaginée depuis de nombreuses années. Il avait dessiné lui-même les plans et les symboles qu'il entendait y intégrer. Seul, un pignon donnerait sur la grande route traversant le village qu'allait emprunter bientôt la belle Marie ; il orienterait sa bâtisse vers le couchant pour pouvoir observer, de son bureau, le soleil qui, chaque soir, illuminait de ses feux le clocher de l'église. Plusieurs ouvertures de ce côté-ci de la maison seraient pratiquées. Les chambres se situeraient toutes au premier étage, dont la façade côté rue serait coiffée d'un petit toit, pour montrer, sans une trop grande ostentation, sa belle réussite.

Les mauvaises langues diraient certainement qu'il avait fait un bel héritage et qu'il devait tout à la coutume de Ferrette applicable dans son village. Il connaissait parfaitement ce droit coutumier puisqu'il venait d'en faire un résumé dans le rapport destiné au premier président du Conseil souverain. N'ayant pas de contrat de mariage, tous les biens de son épouse, dont ce terrain, tombaient dans une masse commune. Faute d'avoir des descendants, les deux tiers de cette masse lui étaient revenus, les parents de son épouse n'ayant pu récupérer que le tiers du patrimoine de leur fille.

Mais Jérôme Pettmesser n'en avait cure. Il avait attendu assez longtemps pour se payer enfin une belle ferme. Et même si ses biens immobiliers provenaient, pour l'essentiel, de son épouse, sa position sociale actuelle, il ne la devait qu'à son travail et son mérite. Bien sûr, il aurait préféré partager son projet avec son épouse. Mais Dieu en avait décidé autrement en la rappelant prématurément près de lui. Pour en avoir discuté souvent avec sa douce moitié, il savait que cette dernière aurait approuvé ce choix. Le greffier du bailli de La Wantzenau n'avait d'ailleurs pas eu beaucoup de temps pour sentir la morsure de la solitude laissée par la disparition de sa bien-aimée, tant le travail l'accaparait. Il était impatient de s'installer dans sa *stub,* à côté d'un bon poêle ronronnant, fumant sa pipe, en se souvenant des moments qu'il avait partagés avec sa défunte épouse, et en devisant avec Jean-Michel Elssaesser, celui qui lui avait tout appris.

Après plusieurs heures de travail intensif, Jérôme venait de terminer son rapport. Le passage du cortège princier n'était plus qu'un doux souvenir qui alimenterait les conservations, pendant les longues veillées d'hiver. Les plus fanfarons évoqueraient le bout de corsage ou le morceau du jupon royal aperçu discrètement. Ceux qui étaient situés aux premières loges au moment du passage du cortège princier se remémoreraient le sourire et le petit salut de la main de la future reine. Le soleil, encore haut dans le ciel, réchauffait la terre, les paysans travaillaient encore dans les champs. Les chiens divaguaient à la recherche d'un peu d'ombre.

Jérôme avait soif d'une bonne bière, mais aussi soif d'en savoir un peu plus sur cette princesse, ce qui le poussa à rendre visite à son mentor, le prévôt Elssaesser, tout de suite après avoir remis ses écrits au bailli.

Chapitre 7
Rencontre avec Joseph, le charpentier

La soirée chez le prévôt ayant été particulièrement arrosée, Jérôme se leva le lendemain au chant du coq, avec l'impression désagréable qu'un étau lui serrait la tête. Avant d'être happé par les effets de l'alcool, il avait appris au cours de la soirée que la princesse Leszczyńska parlait parfaitement six langues, dont le français, le polonais et l'allemand, et que le roi l'avait remarquée grâce à un portrait réalisé pour le duc de Bourbon. L'absence de richesse et de pouvoir de cette princesse en exil laissait présumer qu'elle serait une reine docile et peu exigeante. Le prévôt lui avait expliqué que le Duc de Bourbon venait de contrarier les plans du Régent Philippe d'Orléans qui destinait la main de Louis XV à l'infante d'Espagne. Le mariage devait être célébré à Strasbourg le quinze août dans la cathédrale Notre-Dame, Jérôme étant invité par son mentor à l'accompagner.

Le soleil dardait déjà de ses rayons les champs de blé entourant le village qui se débarrassait progressivement de ses brumes matinales. Ce matin, malgré un réveil difficile, Jérôme devait mobiliser toutes ses aptitudes, une rencontre avec Joseph Schneider, charpentier de son état, étant programmée. Le greffier connaissait le rôle essentiel que le charpentier allait jouer dans la construction de sa maison. Il était le chef d'orchestre de son chantier, le démiurge qui formait l'ossature de sa future maison. La construction obéissait à des règles précises : la première visait l'équilibre architectural. Chaque élément assurait la stabilité de l'ensemble. Mais les connaissances du greffier dans ce domaine restant assez limitées, il était impatient de poser toutes les questions qui lui brûlaient les lèvres depuis quelques jours.

Un homme de haute taille, à l'allure athlétique malgré ses cinquante ans passés, les cheveux grisonnants, cachant des yeux gris délavé, s'approcha du domicile du maître d'ouvrage qu'il connaissait depuis sa plus tendre enfance.

— Bonjour, Jérôme, tu es bien matinal, lança le charpentier.

— Bonjour, maître Schneider, c'est que nous avons beaucoup de choses à voir. Comment allez-vous ce matin s'enquit le greffier ?

— Très bien, j'espère que tu es en forme, car aujourd'hui nous allons parler architecture et aussi un peu de louis, livres, sols, ou florins. L'essentiel, c'est qu'on tombe d'accord sur le prix. La monnaie, tant que ce n'est pas de la monnaie de singe…

Maître Schneider laissa échapper un gros rire bruyant, tout en lançant une grande tape amicale dans le dos du greffier, qui manqua le renverser.

— Je suis tout à votre disposition, lui répondit le greffier en ajoutant : pouvez-vous m'expliquer combien de temps il vous faudra pour assembler toutes les pièces ? J'aimerais emménager avant l'hiver.

— Tu es bien pressé, pour quelqu'un qui a attendu plus de dix ans avant de se décider à construire. Je vais t'expliquer comment j'opère d'ordinaire, avant de te parler de délai.

Le charpentier s'assit à la table où Jérôme était en train de prendre son petit déjeuner, une soupe aux choux.

— Je vais commencer par faire le relevé sur ton terrain des diverses cotes nécessaires pour dresser *l'Uffriss*, un croquis à petite échelle représentant l'ensemble de l'ossature de ta maison, en plans, élévations et coupes. Puis, je ferai un tracé grandeur nature sur le sol de mon atelier.

— Ah ça, je sais comment on le nomme, c'est le *Rissbode,* interrompit le greffier, ravi d'étaler un peu sa science.

— En effet, confirma le charpentier. Nous choisirons un bon bois capable de vieillir tranquillement et qui te survivra. On prend habituellement du chêne. Viendra ensuite *S'Holz zürichte,* l'appareillage. Je tracerai les angles de coupe et les assemblages, chaque morceau de bois ayant ses propres caractéristiques et ne pouvant être interchangé. Une fois découpée, nous marquons chaque pièce d'un chiffre selon son emplacement par rapport à la même façade et pour une même hauteur d'étage. On commence avec les pièces horizontales comme les sablières, puis on continue avec les pièces verticales, les poteaux, les corniers, les montants, les potelets, ensuite les pièces obliques comme les décharges ou les aisseliers et enfin les entretoises horizontales…

— Mais comment vous y retrouverez-vous pour faire le montage définitif sur place avec toutes ces inscriptions ?

— Ces marquages sont faits en général de gauche à droite. Les étages sont différenciés en ajoutant aux chiffres, un ou deux points. Il faut être simple et efficace pour que mes compagnons et apprentis puissent s'y retrouver sur le chantier. Le montage en lui-même est assez spectaculaire et, je te rassure, relativement rapide. Les éléments des pans verticaux sont assemblés au moyen de tenons et de mortaises aux sablières qui verrouillent la partie horizontale. Pour l'assemblage des éléments de bois, je n'utilise que des chevilles de bois, il faut éviter le métal, il rouille et attaque le bois. Ce système donne de la souplesse à la maison et permet de démonter assez facilement l'ossature, si l'envie te prenait de déménager avec ta maison. Le tout me prendra environ six mois.

— C'est impressionnant, on dirait que vous allez me construire une cabane chez vous, dans votre grange.

— Oui, mais une cabane qui résistera à toutes les intempéries et à toutes les catastrophes envoyées par Dieu. Les maisons qui avaient le mieux résisté à Bâle, il y a cent cinquante ans, lors du terrible tremblement de terre, étaient des maisons à colombages.

— Je ne crois pas que nous ayons encore à subir une telle colère divine. Côté décoration, maître Schneider, j'aurais souhaité intégrer un balcon avec des sculptures et certaines figures symboliques dans le poutrage. J'aimerais mettre sous les fenêtres des chambres du premier étage, des losanges barrés. Il faudrait aussi prévoir des triangles. Je tiens beaucoup à cette forme, qui rappelle l'équilibre parfait, la Sainte Trinité et symbolise un peu la femme…

— Ne t'enflamme pas trop vite, Jérôme. Pour les triangles tu seras largement servi. Il y en aura partout. La charpente du toit comporte des fermes. Ce sont différents triangles, constitués d'arbalétriers, de l'entrait, des chevrons qui supportent la panne faîtière. Tu les retrouveras au niveau des façades avec les décharges et les aisseliers placés en biais. Je te mettrai des croix de Saint-André sous les fenêtres du premier étage. Mais pour le balcon, il faudra que ton budget suive, car cela augmentera le coût de ta maison.

Le charpentier avait la réputation d'être un artisan aussi honnête que compétent. Les finances de Jérôme étant limitées, après un temps de réflexion, ce dernier reprit la parole :

— Je crois que je me contenterai d'une petite avancée sur le pignon et de deux losanges barrés de la croix de saint André sous les chambres, qui sait, cela me portera peut-être chance, je retrouverai une épouse en âge d'enfanter, répondit Jérôme, un peu résigné. Bien qu'il n'eût pas la réputation d'un Harpagon, il ne disposait pas de la cassette du Roi Louis et ne pouvait s'accorder de fantaisie budgétaire.

Il ajouta :

— Une dernière chose, maître Schneider, comment doit-on s'y prendre pour remplir ensuite les vides entre les façades ? Vous savez, c'est la première fois que je fais construire.

Le charpentier lui expliqua de façon très détaillée le *modus operandi* :

— Eh bien, c'est très simple, Jérôme. Tu feras venir ta famille, tes amis : dans la face interne des pièces de bois du colombage il y a des rainures aménagées où tu placeras verticalement et horizontalement, en les tressant, des planchettes de bois souple que l'on appelle les

Flachtwarik – les palançons – c'est comme une ossature qui servira de support au torchis. Tu sais ce que c'est le torchis Jérôme ?

— Bien sûr, c'est un mélange d'argile, de paille, de crins et d'eau, répondit Jérôme un peu vexé.

– En effet, reprit le charpentier. Ce torchis est pressé contre les palançons, ou peut être appliqué par petits bouchons accumulés. On trace ensuite sur le torchis, avant qu'il ne sèche, des stries permettant une meilleure adhérence au crépi qui sera appliqué à la fin.

Le charpentier vida d'un trait le bock de bière offert par Jérôme et, lorsqu'ils furent d'accord sur le prix de son futur travail, les deux hommes topèrent dans la main sans autre cérémonial et se quittèrent pour vaquer chacun à leurs occupations.

Quelques jours après cette visite, le chantier démarra et Jérôme put constater *de visu* le professionnalisme du maître charpentier : sa bonne réputation n'était pas usurpée. Voyant que la construction de sa future maison était entre de bonnes mains, il décida d'accompagner maître Elssaesser au mariage de la belle Marie qu'il allait enfin apercevoir.

Chapitre 8
Visite du docteur Faust

L'immeuble-griot marqua une pause et me ramena dans la chambre de ma chère Marie qui semblait se rasséréner. Sa respiration suivait un rythme plus régulier. Je soliloquais :

— Faisons la nique à toutes ces pies-grièches. Non ! Tu ne traverseras pas le Styx cette nuit. Je veillerai sur toi s'il le faut. J'éloignerai tous ces mauvais esprits qui rôdent et qui n'attendent que l'extinction des feux pour t'agripper. Ce combat, je le livrerai *mano* a *mano* pour toi !

Et je l'encourageai :

— Bats-toi, lutte, reviens à toi, ma nonna. Réveille-toi !

La Tante Balai, Bernadette de son prénom, ayant quitté son groupe de prières, vint troubler mes encouragements.

— Enfin, Victor, il faut faire venir le médecin. On ne peut pas la laisser dans cet état ! Mais que fait donc ta mère !

Ah, sacrée Bernadette ! Toujours à mieux savoir que les autres ! me dis-je.

Bernadette, que j'avais baptisé Tante Balai, aurait pu faire carrière dans la sorcellerie ou servir de doublure à la marâtre de Blanche-Neige dans le film de Walt Disney. Pourvue sur le menton d'une verrue, percée par une touffe de poils noirs, d'un balai et, lorsqu'elle allait à la messe, d'un grand chapeau noir, elle possédait tous les signes distinctifs d'une sorcière. Mais au lieu de lancer des sortilèges et lire l'avenir dans les viscères des animaux, elle avait jeté son dévolu sur le dogme catholique, en respectant scrupuleusement l'enseignement de l'Église. Pour elle, cependant, la table de Moïse s'était rallongée d'un commandement :

« Ton logis nuit et jour tu nettoieras. »

Et c'est ainsi que la Tante Balai pouvait balayer, brosser, récurer, essuyer, dépoussiérer, essorer nuit et jour, elle en avait perdu toute envie de dormir. Son insomnie constituait son meilleur agent nettoyant. Nous l'appelions Cernes couleurs, à cause des cercles bleuâtres qui marquaient ses yeux et ne disparaissaient jamais, ce qui la faisait ressembler à un zombie. Elle nettoyait plus blanc que blanc. Une vraie machine à laver ! Son logis était irréprochable. Personne n'osait d'ailleurs venir l'altérer. La religion occupait son espace et nous étions – ses neveux du moins – ses poupées de cire.

Son visage émacié, creusé par des nuits sans sommeil, petits, déjà, nous faisait cauchemarder. En grandissant, elle entretenait ce masque d'horreur comme si elle avait découvert l'effet qu'il pouvait produire sur nous. N'ayant pas eu d'enfants, elle s'était vengée de son infécondité en se mêlant des affaires des autres et de l'éducation de ses neveux, convaincue qu'il était de son devoir de nous prêcher la bonne parole avec une ardeur insoupçonnée pour assumer cette tâche…

Fidèle à ses habitudes, elle venait de nous adresser trois reproches ! Je sentis que la bile de mon estomac bouillonnait et cherchait une issue pour exploser.

— Du vent, la Tante Balai, va récurer tes waters, ne trouble pas ma méditation avec nonna. Casse-toi ! Javellise tes géraniums, dépoussière ta table de nuit, aère ton lit, range ton armoire qui transpire la naphtaline… oublie-nous !

Je voulais la vouer aux gémonies, mais la fixai stoïque, amorphe, muet comme une carpe dans une parfaite immobilité marmoréenne.

La Tante Balai me provoquait et je ne répondais pas, comme pris dans la glace, saisi, sans voix, lamentablement silencieux.

Opportuniste devant mon absence de réaction, elle appela la tante Duduche en renfort :

— Enfin, Doris, dis quelque chose. Il est inadmissible de laisser une personne souffrir ainsi. Même les animaux sont mieux traités.

La tante Duduche ne se fit pas prier.

— Madeleine, appelle le docteur. Il faut faire cesser cela. Maman ne doit pas souffrir !

Madeleine, ma mère, était la petite dernière de la descendance de ma nonna qui comptait en tout cinq enfants. Doris, Bernadette, Pierre, Régine et elle. Sa position dans la fratrie l'avait hissée au statut très convoité de « chouchoute de nonna » ! Elle avait fait un mauvais mariage, mais six beaux enfants… ce qui lui valut l'économie des « Je te l'avais bien dit, on t'avait prévenue, c'est un vaurien, tu épouses le premier venu, mais d'où sort-il ? Que font ses parents ? ». Madeleine avait succombé aux yeux bleus et pénétrants de son premier amour, la première faiblesse, après l'avoir conduite dans un petit hôtel discret, l'avait dirigée tout droit vers un autre autel, celui de l'église.

Nonobstant ce statut privilégié de « préférée », je ne suis pas certain que notre chère Marie ait fait preuve d'une grande mansuétude à l'égard de Madeleine, avant l'arrivée de son premier enfant. Le mariage religieux lui fut imposé pour donner une issue acceptable à ce moment d'égarement dont les effets lors de la cérémonie pointaient ostensiblement sous sa robe de mariée.

Plus tard, les choses s'arrangèrent. Notre nonna aimait tendrement ses petits-enfants et nous le lui rendions bien.

— Alors, Madeleine, tu rêves ?

La brave Madeleine obéissante, disciplinée, appela pour la troisième fois de la journée le médecin. Avant le débarquement des Barbus, nous avions naturellement déjà fait venir tout le corps médical au chevet de mamama. Lequel corps médical, composé de l'infirmière Sylvie, du docteur Martin et du pharmacien, était unanime : il fallait attendre et voir comment l'état général allait évoluer. L'hospitalisation n'avait aucun intérêt à partir du moment où nonna était hydratée.

Alors les tantes Duduche et Balai m'exaspéraient. J'élaborais déjà une stratégie pour les envoyer arroser leurs plantes, mais Madeleine, la gentille Madeleine, céda et prit le combiné.

— Allo, docteur ? Pourriez-vous revenir ?

...

— Non, il n'y a pas d'évolution. Mes sœurs souhaiteraient avoir votre avis.

...

— Dans une heure. Merci, docteur. À tout à l'heure.

Un silence étrange, quasi monacal s'installa dans la pièce. Il fallait tuer une heure, faire abstraction de la présence inquisitoriale des deux bigotes et de leurs pensées délétères tout en gardant le contact avec nonna.

Aucun évènement marquant ne vint troubler ces soixante longues minutes d'attente. Les prieuses se remirent à prier tout en m'observant furtivement du coin de l'œil, les mécréants continuaient à douter.

Un jeune médecin inconnu se présenta.

— Bonsoir, je suis le docteur Faust, le médecin remplaçant.

Eh oui, la journée s'achevait déjà, il était vingt heures et nous veillions mamama depuis près de douze heures.

C'est vous qui m'avez appelé, je crois ? dit-il en se rapprochant de ma mère qui avait ouvert la porte d'entrée.

Elle lui répondit :

— Oui, docteur, notre médecin de famille est passé ce matin et cet après-midi. Il n'y a malheureusement pas d'évolution… Que devons-nous faire ?

Le médecin se rapprocha de ma nonna, l'ausculta, lui prit la tension, écouta son cœur et regarda ses pupilles.

Je devais avouer que le nom de ce jeune médecin m'inspirait plutôt confiance. Peut-être était-il l'un des descendants du héros de Goethe qui avait scellé un pacte avec Méphistophélès. Détenait-il les mêmes pouvoirs que son aïeul lui permettant de résoudre cette aporie ?

Après de longues minutes d'auscultation, il finit par dire :

— Votre maman est dans le coma, stade deux ou trois. Je peux vous affirmer qu'elle ne souffre pas (et toc pour les Barbus). Son retour est cependant incertain compte tenu de la violence de son attaque. Elle peut s'endormir doucement et définitivement, elle peut revenir, mais avec de nouvelles séquelles. Il faut attendre… et prier.

Retour incertain, stade deux ou trois, prier ! Ces mots eurent l'effet de coups de poing et deux crochets, un direct et pour finir en uppercut, sur le tapis. Un, deux, trois ; arrêt du combat par KO !

And the winner is la faucheuse avec son sourire sarcastique !

Non ! Non ! Je ne pouvais me résoudre à entendre ce jeune Faust inexpérimenté qui confondait le stade deux avec le stade trois du coma et qui plus est, nous conseillait de nous réfugier dans la prière, car sa science devenait inefficace. Apparemment, il n'était plus lié avec Méphistophélès et n'avait plus aucun pouvoir.

Va-t'en, Faust de pacotille, pâle imitation de ton aïeul qui, lui, a su parler à Lucifer. Va soigner des angines et apprends encore un peu dans tes bouquins de médecine !

Les Barbus rebondirent immédiatement sur la dernière partie du conseil du docteur Faust. Ils organisèrent un groupe de prière encore plus dynamique et plus intense que précédemment et voulurent que l'ensemble de la famille se joigne à eux.

Je me réfugiai au fond de la pièce pour signifier clairement que je n'entendais absolument pas prendre part à cette comédie que je n'avais pas commandée. En lançant un regard noir à la Tante Balai, elle comprit qu'il valait mieux ne pas insister. Je m'isolai pour rester avec mamama en me remémorant cet évènement essentiel et fondateur de notre famille, où deux êtres se sont aimés et avaient involontairement allumé la petite flamme de vie de ma Marie quelque part en Alsace.

Chapitre 9
L'Alsace, une province mi-allemande, mi-française et tout à fait iroquoise

Marie naquit dans le petit village de Bettenhoffen (« l'endroit où l'on prie » ça ne s'invente pas…), en 1907 dans la province alsacienne. Ce petit village, situé sur la rive gauche du Rhin à une vingtaine de kilomètres au nord de Strasbourg, dépendait à cette époque du Reich allemand. Il faut dire qu'au début du vingtième siècle, les Alsaciens avaient gardé une légère rancœur à l'égard des représentants du Second Empire. En effet, près de quarante années auparavant, l'impéritie d'une partie de leurs généraux et politiques avait permis aux voisins germains d'absorber purement et simplement tout le peuple des cigognes – c'est ainsi que les Alsaciens étaient dénommés – avec leurs industries et leurs terres, sans lui demander son avis. Avant d'ouvrir les hostilités, le *iron chancellor* Otto von Bismarck avait subtilement préparé le terrain. Les Alsaciens et les Lorrains étaient des Allemands qui s'ignoraient… Il mandata le professeur berlinois Mommsen pour expliquer qu'un territoire appartenait à une nation en raison de la langue parlée par ses habitants et de leurs origines culturelles. Je me souvins de la réplique de Fustel de Coulanges, autre éminent professeur d'histoire, mais français, lui, qui donna son nom à mon lycée, et que j'avais déclamée à ma babouchka, fier comme Artaban de mon savoir nouvellement acquis :

Les peuples ne sont presque jamais constitués d'après leur origine primitive. Les convenances géographiques, les intérêts politiques ou commerciaux sont ce qui a groupé les populations et fondé les États.

Chaque nation s'est ainsi peu à peu formée, chaque patrie s'est dessinée sans qu'on se soit préoccupé de ces raisons ethnographiques que vous voudriez mettre à la mode. Si les nations correspondaient aux races, la Belgique serait à la France, le Portugal à l'Espagne, la Hollande à la Prusse ; en revanche, l'Écosse se détacherait de l'Angleterre, à laquelle elle est si étroitement liée depuis un siècle et demi, la Russie et l'Autriche se diviseraient en trois ou quatre tronçons, la Suisse se partagerait en deux, et assurément Posen se séparerait de Berlin. Votre théorie des races est contraire à tout l'état actuel de l'Europe. Si elle venait à prévaloir, le monde entier serait à refaire.

Malheureusement, Bismarck et son entourage ne furent pas très sensibles aux arguments de l'historien français. Avec le célèbre épisode de la dépêche d'Ems, il réussit même à faire passer la France pour l'agresseur de son pays, malheureuse victime de l'arrogance française, ce qui conduisit Napoléon III à tomber dans le panneau en déclarant la guerre à la Prusse le 19 juillet 1870.

La guerre fut de courte durée. Les Allemands sortirent victorieux en remportant de nombreuses batailles.

Ils contraignirent la meilleure armée de France, commandée par le maréchal Bazaine, à se replier dans Metz, et battirent l'armée de réserve de Mac Mahon, le 2 septembre à Sedan, en faisant prisonnier non seulement le maréchal Mac Mahon, mais Napoléon III lui-même !

Habituellement lorsque j'évoquais avec Marie cette période de notre histoire, je citais les vers du dormeur du val d'Arthur Rimbaud qui jadis était en quelque sorte le régional de l'étape :

C'est un trou de verdure où chante une rivière
Accrochant follement aux herbes des haillons
D'argent ; où le soleil, de la montagne fière,
Luit : c'est un petit val qui mousse de rayons.

Un soldat jeune, bouche ouverte, tête nue,
Et la nuque baignant dans le frais cresson bleu,
Dort ; il est étendu dans l'herbe sous la nue,
Pâle dans son lit vert où la lumière pleut.

Les pieds dans les glaïeuls, il dort.
Souriant comme sourirait un enfant malade, il fait un somme :
Nature, berce-le chaudement : il a froid.

Les parfums ne font pas frissonner sa narine ;
Il dort dans le soleil, la main sur sa poitrine
Tranquille. Il a deux trous rouges au côté droit.

Nous nous remémorions, ensemble, du sort de la ville de Strasbourg, cible d'incessants bombardements, sous laquelle disparurent près de quatre mille personnes et des ouvrages exceptionnels tels que *l'Hortus Deliciarum*, cette première encyclopédie du XIIe siècle rédigée par une femme. Merci Bismarck ! Les conditions de la reddition furent drastiques et préparèrent le lit de la guerre qui allait suivre quarante-quatre ans plus tard.

Avec la perte de l'Alsace et d'une bonne partie de la Lorraine, il fallut payer cinq milliards de francs-or pour dommages de guerre, les Allemands occupant un tiers du territoire français jusqu'au paiement. Thiers, le nouveau chef du gouvernement français, avait sauvé Belfort dans ses négociations, rendant ainsi hommage à la résistance exceptionnelle du colonel Denfert-Rochereau, le lion de Belfort, et de ses hommes. L'armée allemande défila en contrepartie sur les Champs-Élysées, le tout sous le regard impassible, pour ne pas dire bienveillant, des puissances neutres de l'époque. La reine Victoria, avec son grand sens familial, n'avait-elle pas salué, après la défaite de Sedan, « une victoire de la civilisation, de la liberté, de l'ordre et de l'unité sur le despotisme, la corruption, l'immoralité et l'agression » ?

Malgré la fameuse protestation de Bordeaux des élus alsaciens et lorrains, la démission du grand Victor Hugo et de quelques autres, la représentation nationale française ratifia à une large majorité les préliminaires de Paix discutés par Thiers.

Ce changement brutal de nationalité provoqua la fuite de plus de cinquante mille Alsaciens et Lorrains vers Paris ou en Algérie. Ces « exilés » entretinrent auprès de leurs concitoyens une vision romantique et idéalisée de leur province perdue. L'Alsace était la fiancée qu'on avait arrachée à son promis. Hansi, le dessinateur colmarien, illustra cette perte par ses célèbres caricatures dont certaines étaient rassemblées dans *L'histoire de l'Alsace racontée aux petits enfants par l'oncle Hansi* que Marie me fit découvrir lorsqu'elle était à court d'histoires du soir.

Mais après trente années d'administration allemande, la situation des Alsaciens et des Mosellans s'était sensiblement améliorée et leur rancune apaisée. La génération ayant vécu sous la période française commençait à disparaître, les plus jeunes ne fréquentèrent que l'école allemande. Il faut dire que la France avait connu différents scandales, l'affaire du capitaine mulhousien Dreyfus, le canal de Panama ou encore les violentes campagnes anticléricales qui calmèrent les velléités de revanche. Les Alsaciens s'intégraient de mieux en mieux dans leur nouvelle patrie. Politiquement, un courant autonomiste s'était même développé.

L'Alsace et la Lorraine devenaient de plus en plus prospères grâce aux nouvelles possibilités de crédit conférées par les caisses mutuelles Raiffeisen ou la Société Générale Alsacienne de Banque, l'agriculture se professionnalisait avec l'école d'agriculture de Rouffach ou encore la station de recherches agronomiques de Colmar. Des centrales électriques furent mises en service à Mulhouse et à Strasbourg, la formation professionnelle des jeunes fut confiée à la toute nouvelle Chambre des Métiers de Strasbourg. Les différentes industries connurent un essor important, que ce soit dans le textile, dans la métallurgie ou dans l'extraction de pétrole à Pechelbronn, ou de la potasse dans la région mulhousienne. De nouvelles voies ferrées furent ouvertes. L'industrie automobile se développa également, grâce à Mathis à Strasbourg et Bugatti à Molsheim.

Les ouvriers étaient plus nombreux que les paysans et mieux protégés que ces derniers par des lois sociales avant-gardistes, telles que l'assurance maladie, la protection contre les accidents du travail, l'assurance vieillesse. Enfin, d'importants travaux furent entrepris à Strasbourg, le port rhénan fut creusé, des quartiers entiers reconstruits, créant la Neustadt dans le plus pur style germanique. Durant les trois décennies qui venaient de passer, la population des trois grandes villes alsaciennes n'avait cessé d'augmenter. Pour reprendre les mots de Voltaire évoquant Colmar, sa ville de résidence au siècle des Lumières après sa fâcherie avec Frédéric II, on peut dire que l'Alsace était une province mi-française, mi-allemande et tout à fait iroquoise !

C'est dans cette province iroquoise que la belle Lilly (mon arrière-grand-mère) rencontra son Adonis, un jeune homme, très séduisant d'origine allemande, qui voulait se vouer à l'art en devenant artiste peintre, au grand dam de ses parents. Il se prénommait Heinrich.

Chapitre 10
Quand Heinrich rencontre Lilly

Ils n'étaient pas du même monde, mais peu leur importait, du moment qu'ils étaient ensemble. Au début de leur amour, elle éprouvait la joie de l'attendre, toujours au même endroit, leur endroit secret, derrière la cabane au bord de l'étang des parents d'Heinrich, ses futurs beaux–parents. Elle mettait toujours sa robe du dimanche, celle des grandes occasions, blanche avec quelques broderies autour des manches et un nœud à l'arrière. Elle louvoyait lorsqu'elle sortait pour ne pas éveiller les soupçons de ses parents et laissait son tablier par-dessus sa belle robe. Lui, très *gentleman farmer*, pantalon de velours, chemise blanche, gilet noir et bottes de cheval en cuir noir, toujours souriant, ravi de la voir, de se raconter, de lui faire partager ses projets, l'attentait impatiemment, plein d'amour et d'espoir… On s'observait, on riait, le soir arrivait toujours trop vite. On se promettait de se revoir le lendemain, puis le surlendemain et encore le sur-surlendemain. Un baiser sur la main, puis sur les joues, puis dans le cou et finalement rencontre des deux bouches avides de se goûter, baisers éperdus, interminables et sublimes, baisers passionnés, violents, doux ou tendres. Le temps suspendu jusqu'au prochain rendez-vous où elle devenait de plus en plus belle, de plus en plus en plus désirable. Une main intéressée et exploratrice commençant à se perdre dans le corsage généreux de la belle effarouchée, une main randonneuse à la découverte des deux merveilleux monts vierges de toutes escalades, blancs comme l'oie blanche que Lilly était, puis la bouche en voyage sur les monts délicatement embrassés, goûtés et regoûtés goulûment, avec voracité.

— Tu es belle, je veux me marier avec toi. Tu verras, nous aurons plein d'enfants et nous vivrons heureux, susurrait le goûteur.

— Heinrich, mon seul, mon unique, mon aimé, je suis heureuse, répondait la goûtée.

Les découvertes se succédèrent en même temps que les rendez-vous se multipliaient. Les zones inexplorées se laissaient parcourir avec confiance jusqu'à l'étreinte ultime et interdite, une entrée sans effraction, sans violence et consentie, mais laissant des traces et parfois plus… Le tout sans avoir préalablement convolé en bonnes et justes noces.

Hélas, trois fois hélas ! Mademoiselle arrière-grand-maman ne se doutait pas encore du courroux familial qui allait s'abattre sur elle et du fossé qui la séparait de sa belle-famille. Sa future ex-belle-mère se mit à admonester son fils :

— Quoi, Heinrich, cette va-nu-pieds, cette moins que rien qui n'a pas même un arpent de terre pour faire un potager, est enceinte, et de toi ! Mais comment est-ce-possible ? Tu ne peux l'épouser, je te l'interdis ! Ce sera elle ou les beaux-arts !

Et voilà l'arrière-grand-papa face à un affreux dilemme. Oh, certes, du plaisir, la petite Lilly avait su lui en donner. Mais maintenant qu'elle lui avait ouvert son jardin secret, son grand cœur qui ne demandait qu'à l'aimer et hélas pour elle, ses cuisses, objectivement, une vie complète sans le sou et sans la protection familiale, renoncer aux beaux-arts et… travailler, avait-il réellement le choix ? Sous la pression familiale, saupoudrée d'un soupçon d'égoïsme, arrière-grand-papa décida de rompre au plus vite. Et on pouvait s'imaginer la scène de la rupture :

Dans la petite cabane près de l'étang où se cachaient leurs secrètes amours, Lilly enceinte jusqu'aux yeux, parlant du mariage qu'ils allaient organiser, des familles qu'il fallait présenter sans délai, de la demande en mariage qu'Heinrich s'apprêtait à faire au père de Lilly – modeste – mais à cheval sur les principes. Et Heinrich, la mort dans l'âme, désespéré :

— Lilly, tu es le soleil de ma vie, malheureusement mes parents m'interdisent de te revoir, je n'ai pas le choix, ils m'ont fait du chantage et ne paieront pas les beaux-arts. Lilly, mon amour, je ne t'oublierai jamais. Adieu, Lilly, *Leb woll* (porte-toi bien).

Leb woll ! Ah ça, pour se porter bien, elle allait en effet très bien se porter ! Le tableau était idyllique ! Une jeune femme mineure de dix-huit ans, sans profession, vivant chez ses parents désargentés, ayant cédé au premier venu en offrant son seul bien, sa virginité, à une espèce d'artiste en herbe, Lilly et ses parents ne pouvaient rêver mieux !

— Ah, tu veux coucher avec les garçons, je vais t'en faire passer l'envie, et arrière-arrière-grand-papa tint parole.

C'est dans cet univers tendre et aimant que ma petite *nonna* apparut, en plein milieu du mois de mai, surprise certainement par son entourage direct qui n'était pas sans rappeler celui du Petit Jésus, excepté que l'âne ne soufflait pas sur le nouveau-né pour le réchauffer, mais hurlait contre la pauvre Lilly, qu'il déshéritait et reniait pour la cent unième fois.

Deux problèmes d'urgence inégale se posèrent. Il fallait trouver un prénom à cette petite, car, comble de malheur, c'était une fille, et la pauvre Lilly n'avait pas vraiment eu le cœur, ni la volonté d'en chercher un, et bien sûr un mari.

Un homme acceptant une femme déshonorée avec une petite fille, le fruit du péché, la mission s'annonçait délicate. Devant l'apathie de sa fille, la maman de Lilly déclara la naissance de la petite au curé et elle décida de l'appeler par le prénom de l'Immaculée Conception, que l'on était en train de célébrer.

Le père de Lilly, lui, se mit en quête de tous les vieux célibataires, intéressés de culbuter une petite jeune désargentée ayant déjà servi. Fort heureusement, le village n'en comptait pas dans l'immédiat. Et la petite Marie eut le temps de grandir jusqu'à son septième anniversaire dans un milieu hostile, mais familial, avec un peu de chaleur que diffusait sa grand-mère qui avait pris sa petite fille sous son aile.

Elle fut donc la petite Cosette de la famille. Sa mère dépressive n'avait établi qu'un vague lien maternel, car elle lui rappelait tous les jours sa nuit d'amour avec Heinrich, son abandon, la honte de la famille. De père, elle n'en avait pas non plus, l'artiste peintre s'était bien gardé de prendre des nouvelles de sa fille et avait épousé une femme de son milieu social. Quant au grand-père, le père de Lilly, on lui imposait une bouche supplémentaire à nourrir qu'il devait rentabiliser en l'affectant aux tâches que l'on imagine, chercher l'eau au puits, récurer l'étable, désherber, laver, blanchir, etc.

Seule, la grand-mère de Marie avait su établir un lien affectueux avec elle. Les premiers principes religieux lui furent inculqués par les sœurs de la Nativité du couvent voisin à qui elle rendait de petits services en allant leur faire les courses.

Quand Marie eut sept ans, le premier conflit mondial éclata, et sa mère Lilly trouva enfin un époux.

Chapitre 11
Jérôme se marie

La maison de Jérôme était achevée depuis quelques mois déjà et une fête mémorable fut organisée pour célébrer l'évènement. Malgré un retard de livraison de quelques mois dû à une rupture de stock de tuiles plates, les fameuses *Biberschwantz*, le résultat dépassait largement les espérances du maître d'ouvrage. La ferme avait fière allure, les plans d'exécution avaient été respectés à la lettre, les ornements rehaussaient avec élégance le style de la ferme sans pour autant la transformer en demeure bourgeoise, tous les souhaits de Jérôme furent satisfaits. Pour remercier les participants de leur contribution, une choucroute géante fut offerte accompagnée de quelques tonneaux de bière venus des brasseries de Schiltigheim. Jérôme avait même réussi à y convier Rosalie, une jeune lavandière rencontrée lors des festivités organisées pour le mariage de la reine Marie Leszczyńska, à Strasbourg sur un bateau-lavoir, amarré sur le quai de l'Ill.

Fille cadette de l'un des plus riches paysans du Kochersberg, qui possédait plusieurs attelages de labour, six chevaux, environ deux cent cinquante acres de terrain, Rosalie travaillait chez sa vieille tante à Strasbourg. Son joli minois, ses beaux yeux bleus et son sourire d'ange avaient séduit le greffier ce soir-là, et il se promit de lui faire une cour assidue jusqu'à la convaincre de quitter la capitale alsacienne pour ses proches faubourgs du nord dans le ried alsacien. L'affaire n'était pas gagnée, car la belle Rosalie ne manquait pas de soupirants, et Jules, son père, souhaitait ardemment qu'elle trouvât pour mari, un propriétaire terrien comme lui. Mais le hasard était venu au secours de Jérôme puisque l'une des cousines de Rosalie habitait fort opportunément à Kilstett. Sous prétexte d'aller lui rendre visite, elle assista, chaperonnée par cette dernière, à la fameuse pendaison de crémaillère de ce greffier qui l'avait tant amusée et dont le charme ne l'avait pas laissée insensible. Jérôme avait encore marqué des points ce jour-là. Rosalie fut éblouie par l'élégance de la maison du greffier qui, certes, n'avait pas de balcon comme celle de son père, mais présentait une façade sur rue tout à fait harmonieuse avec de multiples ornements sur les poutres. Elle fut également impressionnée par les nombreux amis présents qui formaient un groupe hétéroclite, issus de milieux très variés allant d'un prévôt jusqu'à des *handfröhner* – des journaliers – en passant par un barbier chirurgien qui l'avait beaucoup fait rire.

Bien qu'allant sur ses trente ans, Jérôme n'en paraissait que vingt. Il n'avait pas la corpulence d'un homme de la terre. Ses traits fins, ses mains douces et sa peau bien pâle préservée du soleil grâce aux nombreuses heures passées dans son bureau lui donnaient une allure de prince-évêque ou de jeune marquis. Il était curieux de tout, pas trop difficile s'agissant de la nourriture (il n'aimait toutefois pas les anguilles de l'Ill) et savait se rendre aimable et attentionné. Cupidon semblait faire son œuvre et la belle n'avait pas encore chaviré pour son capitaine, mais affrontait déjà de sérieux grains qui la mettaient sens dessus dessous. À la faveur de deux nouveaux rendez-vous chez « sa cousine », la messe fut dite. Jérôme osa déclarer sa flamme à la jeune oie blanche qui ne semblait n'attendre que sa déclaration pour lui sauter dans les bras. Les amoureux commencèrent à élaborer des projets, l'ultime épreuve étant de convaincre le père de Rosalie d'accorder la main de sa cadette à un obscur scribe.

Le destin arrangea à nouveau les affaires du fiancé. Deux fois par semaine se tenait à Strasbourg, non loin de la cathédrale, un marché aux chevaux très fréquenté par les paysans. Le père de Rosalie, voulant se défaire d'une jument trop hargneuse, s'y était rendu dans les premiers jours de mars, en même temps que Jérôme et le prévôt Elssaesser à la recherche d'un cheval de fiacre. L'âge avançant, le prévôt s'était mis en tête de ne plus se déplacer qu'en fiacre, comme à Paris. Il s'était fait construire une caisse suspendue et couverte chez un bourrelier, fabricant de carrosses, ne manquait plus que l'animal pour la tirer.

On lui avait conseillé de choisir un cheval vigoureux, jeune, bien musclé et docile. La mission s'annonçait délicate, car, malgré sa grande culture, le prévôt était totalement ignare en matière d'équidés. Il comptait donc sur son jeune ami pour l'aider à faire l'achat de son futur moyen de locomotion, ce que Jérôme accepta avec enthousiasme puisque le déplacement lui permettait de rendre également visite à sa fiancée.

Alors que les deux compères venaient de repérer une monture adaptée aux besoins du prévôt, ils furent attirés par un attroupement et des cris, venant d'une foule qui haranguait, en son centre, différents individus. Quatre hommes s'insultaient copieusement, un paysan très bien habillé, un marchand avec une longue barbe, un journalier et un sergent de ville.

— Je l'ai vu prendre la bourse de mon acheteur, Monsieur le Sergent, criait le marchand barbu.

— C'est totalement faux, c'est lui qui m'a pris ma bourse, rétorqua le journalier.

— Mais, c'est une plaisanterie ! Vaurien ! Je vais te faire passer l'envie de mentir comme un arracheur de dents ! Le geste accompagna immédiatement la parole du paysan et il mit un gros coup de poing dans la figure du journalier, lequel s'écroula de tout son poids, à terre.

Quelque peu dépassé par les évènements, le sergent décida de sévir sur les auteurs des troubles.

— Si c'est comme ça, j'emmène tout le monde aux Ponts Couverts.

Il interrogea la foule :

— Y a-t-il des témoins qui ont assisté à la scène ?

Tout le monde se détourna rapidement pour ne pas être inutilement retardé ou ennuyé par cette affaire. Le prévôt et le greffier sortirent de la foule et se présentèrent au sergent.

— Je suis le prévôt de Weyersheim, Kilstett et la Wantzenau et voici le greffier du bailli de la Wantzenau. Nous pouvons vous servir de témoins.

Le sergent n'en attendait pas tant, ravi par la qualité de ses témoins, il lança :

— Eh bien, Messieurs, sans vouloir vous obliger, je vous prierai de m'accompagner également.

Le groupe arriva quelques instants plus tard devant l'une des tours des Ponts Couverts. Le sergent accompagné de deux policiers leur dit :

— Je dois assurer la fermeture du marché. Nous tirerons votre histoire au clair tout de suite après, mais pour le moment, je vous demanderai de m'attendre ici.

Les trois fauteurs de troubles furent séparés pour éviter que d'inutiles coups ne se perdent encore. Le prévôt et le greffier purent attendre dans la salle de gardes bien au chaud, car en ce début du mois de mars, l'hiver semblait décidé à ne pas délaisser la ville, un vent froid venu du nord mordait impitoyablement les passants dans les ruelles de la capitale alsacienne.

Après quelques verres de vin chaud et une heure de patience, le groupe fut à nouveau réuni par le sergent de police. Les identifications d'usage commencèrent :

— Nom, prénom, adresse et occupation ? lança le policier à chacune des personnes présentes.

— Je m'appelle Marx Jacob, j'habite à Bischheim et je suis marchand de chevaux, commença le premier individu barbu. J'ai vu ce coquin voler la bourse de mon client ici présent.

— Je demanderai la version des faits à chacun d'entre vous après l'identification, répondit sèchement le sergent.

Il fixa le paysan qui semblait être le client et lui demanda :

— Hé vous, qui êtes-vous ?

— Je m'appelle Jules Schutz, j'habite à Truchtersheim et suis laboureur et propriétaire terrien, répondit aussi fraîchement le client qui se considérait comme l'agressé.

— Eh vous ? poursuivit le policier.

— Moi, je m'appelle Joseph Dirr, je suis journalier. J'habite à La Wantzenau.

Les témoins présentèrent également leur version des faits, mais dans la mesure où ils étaient arrivés après le début de l'incident, ils ne purent ni confirmer ni infirmer la version du marchand. Un flottement s'installa. Le sergent lissait ses moustaches d'un air songeur. Après avoir fouillé le journalier et le laboureur, on trouva chez le premier, une petite bourse en cuir et chez le second, une plus grosse. Chaque protagoniste maintint sa version.

Jérôme avait compris, après l'identification de Jules Schutz, qu'il était en face de son futur beau-père, information qu'il avait discrètement glissée à son ami prévôt. Il prit la parole en dernier :

— Sergent, en tant que greffier du Bailli de La Wantzenau, je dois vous avouer que je connais cet homme, Dirr, qui a déjà eu des démêlés avec le bailliage pour vol de poules. Je peux aussi me porter garant de Jules Schutz qui est honorablement connu au-delà des frontières du Kochersberg, puisqu'il a de la famille dans mon village et n'a jamais eu de soucis avec la justice.

Cette dernière intervention emporta la conviction du policier qui n'attendait qu'un petit geste pour faire pencher la balance de la justice du côté du laboureur. Il confisqua la petite bourse de Joseph Dirr et la rendit à Jules Schutz, la somme qui s'y trouvait correspondait au prix qu'il avait obtenu pour sa jument, le voleur fut mis immédiatement aux arrêts et les témoins, le marchand et le laboureur se retrouvèrent libres à l'extérieur des Ponts Couverts.

— Messieurs, je vous dois une bonne bouteille ! dit Jules, tout content d'être sorti de la prison de la ville. Accepteriez-vous de partager un bon pinot noir au Corbeau Prêchant, on y trouve le meilleur vin d'Alsace ?

Jérôme accepta avec empressement, trop content de pouvoir enfin discuter avec son futur beau-père :

— Avec joie, M. Schutz, répondit-il.

La troupe se mit donc rapidement en marche, car le vent du nord continuait à mordre sans relâche les morceaux de visage exposés à ses assauts.

— Il fait un froid à fendre les pierres, dit Marx Jacob, dont les bouts de la barbe avaient gelé jusqu'à former de petites stalactites.

Le cabaret, le Corbeau Prêchant, n'était fort heureusement pas trop éloigné des Ponts Couverts et la chaleur que diffusait le vieux poêle au milieu de la pièce centrale eut vite réchauffé les doigts engourdis des nouveaux arrivés. La salle était bondée et sans les relations de Jules Schutz qui semblait connaître tous les employés de ce cabaret, le groupe aurait certainement été refoulé.

— Ma chère Yvonne, sers-nous de ton meilleur pinot noir. J'ai une dette à payer, lança Jules en direction d'une dame d'une cinquantaine d'années qui obtempéra tout de suite.

La bouteille arriva presque aussitôt avec quatre verres et une table se libéra miraculeusement pour accueillir le quatuor. Le vin avait une belle robe pourpre, au nez on pouvait reconnaître des senteurs de fruits rouges, framboise, groseille et mure. Ce vin semblait exceptionnel, la patronne l'appelait « le sang du dragon » et précisa qu'il venait de Turckheim en Haute Alsace.

Jules leva son verre en disant :

— Eh bien, chers messieurs, à votre santé, qu'elle soit excellente encore longtemps et nous permette de nous retrouver de temps en temps autour d'une bonne bouteille !

— *Gesundheit* ! répondirent les trois autres convives à l'unisson. Les verres se vidèrent et se remplirent à un rythme effréné jusqu'à la quatrième bouteille. L'ambiance devint propice aux confidences : Marx Jacob expliqua qu'il avait trois frères, David, commerçant ambulant spécialisé dans les fripes et la récupération, Simon, barbier, chirurgien et rebouteux à ses heures perdues et Isaac prêteur sur gages. Ils habitaient tous à Bischheim, car il leur était interdit de séjourner dans la capitale alsacienne, ce que ne manquait pas de leur rappeler le *Grüselhorn*, ce cor qui sonnait tous les soirs à dix heures pour informer les juifs qu'ils devaient quitter la ville. Entre le lever et le coucher du soleil, la ville leur accordait le droit de manance et de commerce, mais ils devaient s'acquitter du péage corporel, le *Judenzoll,* ce droit d'entrée que l'on prélevait aussi aux détenteurs d'animaux !

Jérôme aborda la délicate question du mariage avec Rosalie. À son grand étonnement, Jules semblait parfaitement informé de la situation. Il lui dit, tout en étant déjà bien imbibé par « le Sang du Dragon » :

— Mon cher futur chentre, je pense que Rosalie aura peaucoup de chance d'avoir un mari comme doi. Che sais depuis ta bendaison de crémaillière que Rozalie voit en gâchette un lettré, un haut animal, un monzieur. Che suis gontent, vraiment très gontent, que ce soit doi et pas un de ces strasbourgeois blanqués et fainéhants !

Il l'embrassa et lui fit promettre d'accepter qu'il prenne en charge tous les frais de noces. Ce pacte justifia l'ouverture de deux nouvelles bouteilles, lesquelles commencèrent à influer sérieusement sur l'état des quatre compères qui, depuis un moment déjà, s'étaient éloignés du territoire de la sobriété. L'horloge sonna sept heures, la nuit était tombée, l'ébriété du groupe ne faisait plus aucun doute, vu les chansons populaires qu'ils entonnèrent. Ils étaient frères, parents, amis à la vie, à la mort. On se donnait du « Maître » à chaque phrase. Marx Jacob promit d'amener en personne le cheval que le prévôt avait acheté.

Jules lui lança :

— Ne lui donne pas ma chument, elle ne vaut pas un glou. Elle est ponne pour l'apattoir. Le groupe fut pris par une hilarité générale.

Marx Jacob, qui résistait mieux aux effets du pinot noir, lui répondit :

— Quoi ? Tout à l'heure, tu me disais que c'était un vrai cheval de course, bon pour un capitaine de dragons !

— Crois-tu que seuls les chuifs savent négocier, mon cher Marx ? rétorqua Jules entre deux hoquets.

On rit encore en se tapant fort dans le dos.

Jérôme invita tout le monde à la noce et le groupe se disloqua joyeusement et bruyamment, chacun dans sa direction, au grand soulagement de la patronne du Corbeau Prêchant.

Chapitre 12
La noce de Rosalie

Les tourtereaux avaient choisi, comme la Reine Marie, un 15 août pour convoler à Truchtersheim. L'organisation des noces fut compliquée. Jérôme fréquentait de nombreuses personnes d'horizons très divers et de confessions différentes. La famille juive de Jacob avait naturellement été conviée. Mais de nombreux luthériens également. Bien que le greffier ait été baptisé dans la foi catholique, l'enseignement de ce Luther ne lui était pas indifférent. Cependant, il avait compris que pour évoluer dans l'administration royale, mieux valait partager la religion du roi.

La famille de Jérôme se résumait à lui-même puisqu'il était orphelin de père et de mère et fut recueilli dans sa prime jeunesse par les moines bénédictins de Strasbourg. Il demanda au prévôt Elssaesser de prendre la place du père à la table d'honneur puisque, spirituellement, il remplissait déjà ce rôle, ce qui le toucha profondément, car n'ayant pas eu d'enfant.

Vint donc toute une série d'amis. Ceux qui l'avaient aidé dans la construction de sa maison, ses collègues, son supérieur, le bailli de La Wantzenau, naturellement, mais aussi le pasteur du Temple Neuf de Strasbourg et quelques autres luthériens.

Les invités furent trois fois plus nombreux du côté de la mariée. Jules était très connu dans tout le Kochersberg. De nombreuses personnalités furent conviées, mais aussi toute la famille proche et collatérale de Rosalie.

Les célibataires de Truchtersheim rançonnèrent, comme il se devait, Jérôme qui découvrit, à son corps défendant, cette coutume, qu'il trouva d'un autre temps et qu'il s'était bien gardé de faire figurer dans le rapport remis au bailli. Le représentant des jeunes du Kochersberg lui dit :

— *Jedi Saue soll bi ihrem Trog bliewe* (chaque porc doit rester près de son auge).

L'endogamie géographique persistante permettait en effet aux jeunes célibataires du village de la mariée, qui leur était dérobée par un étranger, de réclamer à ce dernier une somme d'argent en dédommagement. La proximité de Jérôme avec le bailli et le prévôt des villages voisins modérèrent les prétentions financières de la jeunesse de Truchtersheim. On se contenta d'une demi-rançon lors du transport du trousseau de Rosalie quittant officiellement son village natal en traversant des chaînes de rubans qui entravaient symboliquement son départ et que l'heureux élu, Jérôme, devait faire couper en payant.

Le contrat de mariage fut signé chez le notaire de Jules, maître Laquiante, qui avait la particularité de cumuler les fonctions de notaire royal avec celles de notaire apostolique à Strasbourg et jouissait d'une excellente réputation. Connaissant les indéniables qualités professionnelles de son futur gendre, Jules avait souhaité se faire assister par un autre professionnel impartial et rigoureux.

S'ensuivirent quelques soirées arrosées avant le grand jour.

La grande cour pavée de la ferme de Jules fut transformée en une vaste auberge à ciel ouvert. Des planches avec des tréteaux recouvertes de nappes blanches accueillirent plus de cent cinquante convives à qui l'on offrit un repas digne de celui que la reine Marie avait pu déguster lors de la célébration de ses noces à Strasbourg.

Le père de la mariée s'était beaucoup investi dans la préparation de la noce. Il mariait sa dernière fille et tenait à ce que la fête soit inscrite dans la mémoire populaire de son village. Il intervint pour tout, y compris dans la composition du menu. Depuis quelque temps déjà, il s'était rapproché d'un gaveur d'oies de La Wantzenau qui vendait les foies de ces volatiles. Cuits, ils devenaient des pâtés au goût subtil rehaussés par différentes épices. Ce mets d'exception restait encore confidentiel et peu connu. Lorsqu'il fut servi en entrée, il conquit immédiatement les convives, lesquels s'étaient mobilisés pour faire boire Jules afin qu'il révèle l'origine de cette nourriture particulièrement délicate.

Les plats qui suivirent furent plus traditionnels : Après ce merveilleux foie d'oie furent servis un bouillon de bœuf, puis toute une série de plats de viande, pot-au-feu, choucroute, viande de veau en sauce, accompagnés de légumes. En hommage à la reine Marie, Jules tint à faire goûter la fameuse bouchée à la reine, ce vol-au-vent spécialement conçu à l'occasion du mariage de la reine Marie avec le roi Louis. De nombreux vins accompagnèrent tous ces plats. Des pinots d'Alsace, du Riesling, du Gewurztraminer. Après le fromage et le fameux munster arrivèrent les nombreux mets sucrés, signe annonciateur que le repas allait bientôt toucher à sa fin. Des pâtisseries, des tartes aux fruits et le fameux Kugelhof clôturèrent les six heures de repas que venaient de partager les cent cinquante-six invités.

À la demande de Marx Jacob, Jules fit l'inventaire de la nourriture consommée :

— Mon cher Marx, nous venons d'engloutir 1500 livres de bœuf, 70 livres de veau, 100 livres de saucisses, 165 livres de beurre, 27 sacs de farine, 1200 litres de vin, 50 livres de sucre, 120 foies d'oie.

Jérôme interrompit son beau-père :

— Cher beau-père, saviez-vous que la quantité de nourriture servie lors d'une noce et même la durée du repas sont réglementées ?

Jules réagit immédiatement :

— J'ai marié mes trois filles et personne ne m'a jamais dit une pareille ânerie. Ici nous partageons notre joie avec le reste du village, le pain blanc des mariés est distribué aux enfants, les restes seront servis demain aux pauvres et si j'ai envie de fêter toute la semaine votre mariage, ça ne regarde que moi et ma bourse.

Mais Jérôme, sûr de son fait, insista :

— Je serai mal placé pour vous contredire. Cependant, la coutume de Ferrette impose, depuis deux siècles, des banquets de vingt personnes au plus dans les auberges. La *polizei-Ordnung* de Wissembourg, applicable depuis plusieurs siècles également, limite les invités à 100 personnes si la fête a lieu à la maison. Il en est de même pour la durée des agapes qui ne devrait pas dépasser plus de deux jours.

Ces indications mirent Jules dans une colère noire, qu'il surjoua à cause de l'alcool circulant dans son sang.

— Mon gendre est fou. M. le bailli, il faut supprimer la coutume de Ferrette.

Alors que se jouait une scène surréaliste d'un beau-père surexcité courant à la recherche des autorités, provoquant des fous rires généralisés, Marx et le pasteur débattaient, à bâtons rompus, sur le sort de leurs communautés respectives.

Le pasteur Martin Heuss, connu pour son érudition et sa grande piété, exposa la situation de ses coreligionnaires :

— Cette année, notre communauté protestante semble bénéficier enfin d'un véritable statut. Mais tous les ministres du Culte doivent être nés dans le royaume et de nationalité française. Cependant nous subissons toujours des attaques des Jésuites qui font croire à Versailles qu'il existe de nombreux mariages mixtes, conduisant ces catholiques à ne pas respecter les édits royaux. Récemment encore une lettre du Secrétaire d'État Le Blanc adressée au maréchal du Bourg a mis le feu aux poudres. Nous ne pouvons exercer un office de judicature, nous ne pouvons plus accueillir d'étrangers dans nos rangs ni célébrer d'offices lorsque l'évêque est en visite dans une paroisse mixte.

— L'évêque est beaucoup trop occupé, il ne sait plus où donner de la tête avec ses nombreuses résidences. On dit qu'il veut même reconstruire son palais épiscopal à Strasbourg, fit remarquer Marx Jacob, qui poursuivit :

— Notre peuple juif est proscrit depuis 1389 par un édit de bannissement qui interdit, définitivement, la réadmission des juifs dans la ville de Strasbourg. Cet édit est toujours en vigueur. Nous devons payer un droit corporel pour exercer le commerce ambulant ou tout simplement pour être présents dans la ville. Malgré les lettres patentes du roi Louis XIV, nous n'avons pas le droit d'acheter d'immeubles ou de terres. Il nous est interdit de prendre des hypothèques sur les biens des chrétiens et nous devons vendre, dans l'année, tous les biens qui nous proviennent de dettes impayées. Les nouveaux venus payent non seulement un droit de séjour et un impôt de protection, mais un droit de réception deux fois plus cher que le droit de séjour. Nous payons des taxes pour tout, quand on veut vendre des animaux abattus selon notre rite, pour le commerce, le colportage, le droit de pâture même pour l'eau. Malheureusement, Monsieur le Pasteur, nos relations sont parfois aussi compliquées avec vos ouailles. Souvenez-vous au XVIIe siècle des violentes attaques du pasteur Hoppensack contre mes coreligionnaires de Pfaffenhoffen, ou tout récemment la plainte du pasteur Georg Heinrich Lang qui a écrit à la régence des comtes de Hanau-Lichtenberg de nombreux courriers en vue de faire interdire la transformation d'un étage d'une maison de Trænheim en synagogue.

Le pasteur Heuss semblait sincèrement désolé par les faits que venait de relater Marx. Il lui répondit :

— Mais Luther a toujours considéré que nos deux communautés étaient en parenté compte tenu des racines juives du christianisme. Nous partageons des analyses communes sur l'importance de la Bible, la Thora pour vous, le Pentateuque pour nous. Contrairement à nos amis catholiques, nous ne la limitons pas à son rôle annonciateur de la venue du Christ et lui reconnaissons une autorité propre.

Le marchand juif ne voulant pas s'aventurer sur un débat théologique, rajouta un peu bourru :

— Oui, mais à la fin de sa vie, Luther était plus méfiant envers notre communauté, car nous ne souhaitions pas abandonner notre religion. Il a même proposé d'expulser les Juifs en prônant, dans ses prédications, des mesures de coercition d'une extrême violence.

Se voulant plus consensuel, le pasteur précisa :

— Nous prônons avant tout la tolérance et ne sommes pas ennemis de nos frères juifs qui honorent le même Dieu de la Bible que nous. Nous subissons les mêmes discriminations et ne pouvons dès lors qu'être solidaires envers votre communauté.

— Il serait bon que ce message de tolérance soit partagé par tous vos coreligionnaires, rétorqua Marx.

Jérôme intervint pour mettre fin à cette conversation qui devenait de plus en plus sensible. Se tournant vers Marx, il tenta de faire diversion :

— Marx, raconte au pasteur Heuss comment nous nous sommes connus.

Marx tomba dans le piège. Il changea de sujet et détailla les circonstances de sa rencontre avec le jeune marié, ce qui fit beaucoup rire toute la tablée.

La soirée se termina fort tard, après épuisement des stocks d'alcool, de chansons qui devenaient de plus en plus paillardes et, finalement, des convives qui peu à peu abandonnaient la table pour aller rejoindre, tant bien que mal, leur domicile.

Jérôme prit une semaine entière pour se remettre de ces agapes et effacer, progressivement, la fatigue générée par ses nombreux excès festifs. Mais il était l'homme le plus heureux de la terre. Il venait d'épouser une femme qu'il aimait, possédait une magnifique ferme et envisageait avec sérénité son avenir avec Rosalie.

Aussi s'était-il promis de jouir de son premier dimanche qui suivait son mariage en restant chez lui, sans aller, pour une fois, à l'office dominical pour rendre grâce au Seigneur. Il avait décidé de s'installer dans son fauteuil en bois, matelassé avec une assise en velours rouge qui lui donnait l'impression d'être sur un trône ducal. Il fumait tranquillement sa pipe de bruyère fabriquée par un pipier de Saint-Claude, à côté du poêle dans sa *stub*, en attendant que sa femme prépare un bon civet de lièvre. L'odeur de la sauce au vin et du ragoût qui mijotait se propageait lentement au rez-de-chaussée, taquinant les papilles de l'heureux propriétaire qui salivait d'avance en imaginant le goût tendre et subtil de la viande qui lui était promise.

Soudain, des coups sourds et répétés le tirèrent de sa béatitude. Quelqu'un frappait énergiquement à sa porte. Qui pouvait bien troubler son premier dimanche conjugal ?

Il se dirigea prestement vers l'entrée et découvrit Marx Jacob, blême, les yeux exorbités, terrifié, comme s'il venait de rencontrer un fantôme…

L'immeuble-griot se tut.

Chapitre 13
Dimanche, jour du Seigneur

Je haïssais les dimanches ! Je crois que je les ai toujours haïs. Tous, sans exception ! Dans mon enfance, ils me rappelaient les pâtes fraîches préparées immuablement par mon père, accompagnées d'un civet de lapin. Je haïssais le civet de lapin comme je haïssais le dimanche. On passe son temps à nourrir un lapin, on lui change la litière, on lui donne un nom, il engraisse, joue avec vous, mange des carottes, et un beau jour, le dimanche précisément, on le cherche, il n'est plus dans son clapier. Mais où est-il ? Lapinou où te caches-tu ? Quick ! On le retrouve en étoile, crucifié avec deux clous, dépecé, prêt à être consommé en civet… Alors non, non, non, je n'ai jamais aimé le dimanche et encore moins le civet de lapin !

Le dimanche, c'était aussi le jour du grand bain. Un nettoyage général, toute la maisonnée lavée à grande eau. Un mouvement de troupe prenait d'assaut la petite salle de bain trop exiguë pour contenir plus de deux personnes, elle offrait une baignoire étriquée au-dessus de laquelle était étendu le linge de toute la famille nombreuse que nous étions. Faute de douche indépendante, nous devions manier le pommeau accroché au robinet de la baignoire avec dextérité afin de ne pas mouiller le linge qui était en train de sécher au-dessus. Cette mission était d'autant plus délicate que le flexible, fatigué, reliant le pommeau au robinet, fuyait. Le linge bénéficiait ainsi, malgré lui, d'un relavage à trente degrés, lorsque le chauffe-eau n'était pas en panne. Nos ablutions se complexifiaient selon notre ordre de passage. Au fur et à mesure de notre ordre d'arrivée dans la salle de bain, shampoing et serviettes sèches ne figuraient plus au nombre des produits et affaires disponibles. Ainsi, pour bénéficier d'une douche dans des conditions acceptables, il fallait être matinal, mais aussi travailleur. En effet, les premiers levés se lavaient et se séchaient convenablement tout en devenant ensuite, une main-d'œuvre disponible et donc corvéable avant les autres…

Ma nonna n'avait jamais utilisé notre salle de bain. Elle s'était toujours lavée à l'ancienne. Un cérémonial éprouvé précédait sa toilette. Une grande marmite était déposée sur le poêle à bois de la cuisine, contenant plusieurs litres d'eau qui bouillonnaient tranquillement, destinés à remplir une bassine attendant par terre. Une annonce générale était faite pour inviter les curieux à se distraire à l'extérieur. Portes et fenêtres se verrouillaient presque par enchantement, les rideaux tirés, armée d'un gant de toilette et d'un savon de Marseille, Marie disparaissait dans les vapeurs d'eau chaude derrière les vitres opacifiées par la buée. L'opération ne durait en général qu'une demi-heure. Une touche finale d'eau de Cologne annonçait que la maison redevenait accessible et que notre nonna était prête pour partir à l'église.

Une fois que nos corps étaient débarrassés de leurs impuretés, nous devions nous préoccuper de nos âmes. Le dimanche matin était ainsi consacré, invariablement et fatalement, à la messe. Les dérogations n'existaient pas. Les seules souplesses admises se limitaient en la possibilité de fréquenter la messe des enfants, celle de onze heures, plutôt que celle de neuf heures et demie, la grand–messe. Elle présentait l'avantage de durer un quart d'heure de moins que la messe des adultes et de commencer plus tard ce qui permettait de dormir un peu plus longtemps.

Pour éviter l'inactivité propre à ce recueillement imposé, source d'ennui débouchant souvent sur la volonté de perturber le bon déroulement de l'Eucharistie, la possibilité nous était donnée d'être officiants, en embrassant une carrière éphémère de servants de messe. Tous les garçons de la fratrie eurent le privilège d'expérimenter cette honorable fonction.

Au lieu de rester sagement sur les bancs en bois de l'église en comptant le nombre de carreaux couvrant le sol, nous pouvions alors mettre à l'épreuve nos collègues pour tester leur *self control.* Assis à côté de l'autel, exposés aux regards de tous les fidèles, ils se devaient de garder une contenance digne et adéquate. Le pari reposait alors sur le temps que prenaient nos camarades pour se dérider pendant que nous dansions des french cancans endiablés dans l'embrasure de la sacristie qui nous cachait du regard de l'assistance. Les fidèles demeuraient incrédules face aux mines crispées et aux hoquets de nos spectateurs contraints, lesquels attendaient impatiemment la fin de l'office pour nous tomber dessus.

Naturellement, nous devions respecter certaines règles de prudence élémentaires pour pérenniser nos fonctions qui, parfois, pouvaient nous rapporter quelques sous lors d'un mariage ou d'un enterrement. Ainsi, avions-nous proscrit le *streap tease.* Le seul camarade qui s'était aventuré dans ces contrées dangereuses avait dévoilé son postérieur au moment où le curé montrait à l'assemblée une énorme hostie en forme de grande lune ronde et blanche indiquant qu'il s'agissait du corps du Christ. Problème de timing, avions-nous conclu, mais fatal au camarade qui fut renvoyé sur le champ. Longtemps, je considérai le curé comme un alchimiste, notre sorcier du village, jusqu'au jour où je me suis aperçu de la supercherie de la prétendue transsubstantiation. En effet, comme de nombreux autres servants de messe, nous terminions le vin de messe, certains étaient d'ailleurs devenus des goûteurs avertis. Aussi quelle ne fut pas ma déception lors de mon initiation, en constatant que dans les veines du Christ ne circulait pas du sang, mais un *edelzwicker* de mauvaise qualité que la célébration de l'Eucharistie n'avait guère amélioré…

Contrairement à nous, la messe revêtait, pour ma chère Marie, une importance de tout premier ordre.

Chapitre 14
Croire, mais pourquoi ?

La messe régénérait les convictions de ma chère Marie, répondait à ses questions, affermissait sa foi, les travaux pratiques s'effectuaient à la maison. Jamais, au grand jamais, elle n'aurait oublié un bénédicité, les matines ou les vêpres. Elle avait néanmoins la délicatesse de vivre sa foi, lorsque j'habitais chez elle du moins, avec une certaine discrétion tout à fait supportable. Elle allait à la messe comme on va à son entraînement de football ou à une répétition de musique. Nous prenions cela pour son hobby. Certes, son entraînement correspondait à celui d'un athlète de haut niveau, mais avec les années, elle devint de plus en plus tolérante envers les mécréants que nous étions. Les injonctions du début de notre jeunesse s'étaient transformés en recommandations bienveillantes lorsque nous étions devenus plus indépendants. Cette évolution prit cependant du temps et j'enviais mon meilleur ami qui venait de faire sa communion solennelle dans le seul but d'obtenir, en cadeau, une moto Yamaha cinquante centimètres cubes. Dès le lendemain de cette fête religieuse, il décréta, d'autorité, qu'il avait suffisamment assimilé le message christique et se dispensa ensuite de fréquenter, de près ou de loin, la religion que l'on m'imposait pour des raisons culturelles.

Marie ne se posait pas toutes ces questions existentielles. Elle tenait pour acquises les règles religieuses qu'on lui avait inculquées. Sa vie intérieure restait dense et certainement très riche. La religion était une potion revivifiante qu'on lui administrait lors des messes. Lorsqu'elle en loupait une, c'est qu'elle était alitée. Autant dire, jamais ! À la différence de ses semblables, Marie appliquait le message du Christ dans sa vie quotidienne et ne s'en souvenait pas uniquement le dimanche.

Elle me recommandait la religion par conviction et me disait qu'il fallait croire en Dieu, car c'était un besoin vital comme celui de créer. Ce besoin permettait de se sortir des tracas quotidiens, de s'élever vers quelque chose de supérieur, pour répondre aux questions que ni la science ni les hommes ne pouvaient solutionner.

— Tu ne seras jamais seul, Dieu t'observe, il t'aime et t'aidera toujours, ajoutait-elle.

Ou encore :

— Sois tolérant avec les autres, ne leur fais pas ce que tu ne voudrais pas que l'on te fasse. Aime les autres, aide-les, laisse-toi guider vers la lumière.

Pour Marie, la religion n'était pas qu'un mécanisme de défense pour vaincre l'angoisse et les incertitudes de la vie. Elle tenait une place centrale dans son existence et tout en ayant un rôle socialisant évident qui lui donnait un code de bonne conduite, elle lui conférait un but ultime vers lequel elle se dirigeait avec confiance.

De mon côté, face à ce discours, je dus reconnaître que la tolérance et quelques bons sentiments animaient l'esprit de temps en temps. Les conseils de ma nonna prenaient un caractère universel et ne pouvaient faire de mal. Toutefois, en mon for intérieur, je demeurais partagé quant à l'utilité de la religion. Elle avait su inspirer l'humanité dans tous les domaines, touchant parfois au sublime lorsque l'on convoquait toutes les œuvres qu'elle avait générées, ou certains écrits qu'elle avait su inspirer. Mais elle était aussi à l'origine des pires exactions, souvent entre les mains d'une petite élite, l'employant à mieux asseoir son pouvoir sur les plus faibles. Elle faisait croire aux miséreux qu'en acceptant leur piètre condition ici-bas, leur avenir était assuré dans une autre vie. Il fallait souffrir dans ce monde pour racheter une prétendue faute originelle commise par un couple aussi improbable que chimérique : Adam et Eve. Et d'abord, Adam et Ève avaient-ils seulement un nombril, et où pouvait-on les placer dans l'échelle du temps, après l'australopithèque Lucie, avant ?

J'ignorais obstinément le côté symbolique du message et des rites. Leurs aspects sociologique, culturel ou historique. De plus, l'existence d'un Dieu voyeur m'indisposait. Pourquoi consacrait-il autant de temps à l'observation de ses ouailles ? La simple dégustation d'une pomme interdite justifiait-elle d'être espionné en permanence et d'avoir un œil de Moscou au-dessus de nous, même si cet acte de désobéissance, le premier, avait conduit l'Homme à la Connaissance ?

Par provocation, j'analysais au premier degré les faits religieux lorsque nous débattions sur ces sujets. Je faisais abstraction du caractère polyforme de la Bible, en prétendant que ces récits mythologiques ou ces discours prophétiques constituaient des vérités historiques. Puis, je m'amusais à démontrer que ces faits ne pouvaient s'être produits. Je lui expliquais que c'est notre individualisme qui nous avait conduits à créer de toutes pièces des histoires d'un dieu protecteur pour nous rassurer sur notre devenir après la mort. Elle me répondait :

— Dans quelle société crois-tu que nous vivrions si Dieu n'existait pas ? L'aide aux pauvres, l'amour du prochain, les orphelinats n'ont pas été inventés par tes libres penseurs !

Ces disputes théologiques agaçaient considérablement ma chère Marie, qui prenait beaucoup sur elle pour ne pas glisser dans les pièges que je lui tendais visant à éprouver sa foi, un peu à la manière du prince des ténèbres qui essayait de confondre les belles âmes. Était-ce nécessaire d'ailleurs de la mettre ainsi à l'épreuve ? Ses convictions étaient taillées dans du granit, le doute n'y avait aucune place. Je dois reconnaître cependant que cela nous valut quelques belles soirées agitées, rompant avec le calme habituel de la maison de ma grand-mère, troublé, il est vrai aussi, par le passage hebdomadaire de mes deux tantes, Duduche et Balai.

Chapitre 15
Les tornades blanches

Armées chacune d'un seau, d'un bidon d'eau de Javel, d'un chiffon, d'un balai pouvant se décliner en balai brosse, balai à poils doux ou balai à poils durs, elles arrivaient sciemment tous les samedis matin à huit heures pour entraver ma matinée que j'espérais grasse. Soudainement, tous les meubles prenaient vie, se mettaient à virevolter, à danser, les chaises se renversaient comme par enchantement sur la table à manger, les baffles de ma chaîne hi-fi prenaient de l'altitude au préjudice du câblage qui les retenaient désespérément au sol. Le tapis se faisait battre jusqu'au dernier souffle de poussière, le matelas du lit se contorsionnait pour être une semaine sur deux sur le ventre puis sur le dos, les pots de fleurs nettoyés se remplissaient d'eau. L'hallali avait sonné pour les araignées qui, débusquées par le plumeau, devaient délaisser dare-dare leur toile et ne trouvaient leur salut que dans les interstices du parquet. La poussière était invitée à déguerpir à grands coups de serpillère.

Ce ménage intensif ne posait pas de problème en soi. J'avais, en bon adolescent boutonneux et insolent, réussi à circonscrire le théâtre des opérations au rez-de-chaussée de la maison en interdisant, au grand dam de mes tantes, l'accès à ma chambre au premier étage, celle qui penchait irrémédiablement vers la cave en terre battue. Ces furies se rattrapaient donc sur la cuisine, la chambre de mamita, *la stub*, le vestibule qui se soumettaient une fois par semaine à leurs quatre volontés. Mais ce grand nettoyage hebdomadaire ne suffisait pas à satisfaire l'appétit féroce de ces tornades blanches qui, non contentes de nettoyer, jetaient frénétiquement tout ce qu'elles décrétaient devenu inutile. La disparition d'objets appartenant à ma nonna était une atteinte directe à sa sphère intime. Elle subissait ce rangement avec une grande affliction. Marie, qui avait surmonté deux conflits mondiaux et les privations qui en découlaient, conservait par-devers elle, dans des boîtes de biscuits vides, des boutons, des rubans, des élastiques, des tirettes au cas où. Cette manie de garder ces babioles la rassurait et tant qu'elles restaient rangées dans des placards, elles ne gênaient personne. Ce n'était pas l'avis de ses filles revêches qui considéraient leur mère comme une névrosée, limite atteinte du syndrome de Diogène.

Lorsque cette folie du rangement atteignait son paroxysme, je me faisais vengeur et justicier en expulsant énergiquement mes tantes, lesquelles rongeaient alors leur frein jusqu'à la semaine suivante.

Je m'interrogeais sur les raisons que ces dernières avaient à tout vouloir jeter. La seule volonté de ranger ne pouvait pas tout expliquer. La volonté de faire place nette de leur ancien environnement semblait aussi relever de celle d'éliminer leurs souvenirs qui ne furent certainement pas toujours bons. En chassant la poussière avec l'énergie des furies, ne voulaient-elles pas aussi chasser les fantômes de leur passé ?

L'immeuble-griot que mes tantes lavaient me tira soudainement par l'oreille pour me ramener chez Jérôme son créateur qui, assis dans son fauteuil ducal le premier dimanche après son mariage, fut interrompu dans ses rêveries, par son ami Marx.

Chapitre 16
Le procès

— Marx, que t'arrive-t-il ? demanda Jérôme, inquiet.

— Je ne sais plus vers qui me tourner, Jérôme. Voilà une semaine que je ne dors plus. On s'en prend à ma famille, à mes biens… à ma vie, répondit Marx terrifié.

— Mais qui t'en veut à ce point. As-tu fait du tort à quelqu'un ? demanda Jérôme.

— Bien sûr que non. Trois jours après ta noce j'ai eu en plein milieu de la nuit la visite de trois hommes masqués. Ils sont venus chez moi pour me prévenir que mon procès allait s'ouvrir et que je devais leur verser un acompte pour supporter les premiers frais.

— Depuis, j'ai eu deux autres visites de ce prétendu tribunal qui entend me juger pour mes ventes, mon appartenance à ma communauté et m'extorque des fonds et encore des fonds. Je n'ai presque plus rien. Ils m'ont dit que si je les dénonçais, ils enlèveraient mes filles, puis ma femme avant de m'exécuter. Ils m'ont donné rendez-vous mardi prochain. Jérôme, je suis au pied du mur et ne sais plus quoi faire.

Après quelques instants de réflexion, Jérôme rompit le silence.

— Écoute, Marx, je suis sûr qu'il y a toujours une solution même aux situations les plus compliquées. Je ne vois qu'une personne qui pourra t'aider. C'est un sage et en même temps le prévôt de notre bailliage : maître Elssaesser.

— Mais Jérôme si l'un de ces bandits s'aperçoit que je les ai dénoncés, ils ne me lâcheront plus.

— Ne t'inquiète pas, le prévôt Elssaesser saura faire la part des choses et s'il estime que ta sécurité suppose une discrétion absolue, il tiendra sa langue. Je lui fais une totale confiance. Ne perdons pas de temps, allons lui rendre une petite visite.

Les deux amis se mirent en route sans délai, laissant derrière eux, un civet prêt à être dégusté et une Rosalie contrariée de devoir réchauffer son premier dîner dominical qu'elle venait tout particulièrement de réussir.

Maître Elssaesser n'habitait qu'à quelques centaines de mètres de Jérôme. Il était attablé sur sa terrasse lorsqu'il vit arriver ses deux amis, il leur lança :

— Eh bien, Jérôme, je ne t'attendais pas si tôt. Ta femme t'a-t-elle déjà chassé ?

N'ayant pas réussi à dérider ses deux visiteurs, le prévôt comprit que la raison de cette visite impromptue ne relevait pas de la simple courtoisie. Il les interrogea :

— Que vous arrive-t-il ? On dirait que des Suédois vous poursuivent.

— C'est à peu près cela, maître Elssaesser. Marx raconte ce qui t'arrive, répondit Jérôme.

Mis au courant des tourments que subissait le pauvre Marx, le prévôt réfléchit et lui dit :

— Écoute, Marx Jacob, je comprends que tu aies peur, tu as raison de t'inquiéter. Cette bande sévit depuis plusieurs mois déjà dans le Palatinat. Je ne pensais pas que ces brigands s'affairaient déjà en Alsace. Il n'y a qu'une façon de répondre à cette vermine. Il faut les prendre à leur propre jeu pour les arrêter et les châtier comme il se doit. Ces voleurs de grand chemin ont de nombreuses victimes sur la conscience.

Il exposa alors un plan très détaillé qu'il venait de mettre au point aussi rapidement qu'il engloutit sa cuisse de poulet qui refroidissait.

Les trois compères se séparèrent, Marx, un peu soulagé d'avoir pu partager ses ennuis avec ses amis, mais plus inquiet que jamais devant le rôle qu'il s'apprêtait à jouer. La suite fut révélée à Jérôme quelques semaines après.

Chapitre 17
Les chauffeurs de paturons

Marx habitait une petite maison de ville dans les faubourgs nord de Strasbourg. Il se calfeutra et resta tapi dans son logis comme une bête traquée pendant toute une semaine, ne sortant que pour acheter sa nourriture et aller à la synagogue le samedi.

Le fameux mardi du rendez-vous était passé depuis plusieurs jours sans qu'aucun évènement notable ne troublât le marchand de bestiaux. Une semaine se déroula encore, sans que les juges factices qui harcelaient le pauvre Marx n'aient réapparu. Ce dernier avait envoyé femme et enfants à la campagne dans sa belle-famille pour les mettre à l'abri. Le marchand de bestiaux vit approcher le deuxième mardi suivant avec appréhension, il sentait bien que la courte accalmie n'allait pas durer. En effet, le mardi en question vers dix heures du soir, un jeune homme se présenta à son domicile et lui tendit un morceau de papier que Marx lut aussitôt. Il était convoqué immédiatement et devait sans délai suivre le jeune homme en prenant soin d'emporter cent livres.

Marx rassembla tout son courage et répondit à l'adolescent.

— Tu diras à ton chef que je veux traiter directement avec lui chez moi. Je ne bougerai plus et ne répondrai plus à aucune convocation.

Le jeune homme ne s'attendait pas à cette réponse.

— Si vous n'venez pas avec moi, c'est moi qui prendrais. Vous savez, c'est pas des enfants de chœur. Allez, suivez-moi et ne faites pas d'histoires.

Marx résista et l'éconduit.

— Tu répèteras mot pour mot ce que je t'ai répondu. Si le chef veut des sous qu'il vienne jeudi soir, à 11 heures. Je serai seul. Je ne veux traiter qu'avec lui.

Le garçon partit bredouille et désemparé. Il n'en menait pas large. Il devait amener le commerçant juif devant l'église et venait de faillir à sa mission. Le jeune messager ne savait pas très bien ce qui allait se passer.

La suite des évènements le lui apprit rapidement. Quand il arriva seul au lieu de rendez-vous, un complice l'accueillit à grand coups de pied et de poings. Quand il put enfin parler, il délivra le message du marchand de bestiaux, ce qui décupla la colère de son commanditaire qui lui envoya des salves supplémentaires de coups encore plus violents que les précédents. Le brigand se dit qu'il devait à son tour faire part au grand chef des exigences du marchand de bestiaux et s'imaginait déjà la pluie de jurons et de coups que lui aussi allait devoir encaisser en retour. Il se défoula donc sur le jeune messager.

Le lendemain, mercredi, Marx vendit deux juments et revint prestement chez lui sans en ressortir. La nuit se passa sans encombre.

Jeudi : Marx s'était préparé à la rencontre avec son tourmenteur. Il veilla toute la nuit, sursauta à chaque bruit, à chaque miaulement ou couinement. Aucune visite ne troubla cependant la veillée de Marx finit par sombrer dans un sommeil profond qui l'emmena dans une prairie verdoyante où paissaient paisiblement une centaine de chevaux plus magnifiques les uns que les autres. À sa grande surprise, il se réveilla avec l'aube, sans visite ni juges pour le contrarier.

Vendredi : Marx acheta des provisions pour passer le Shabbat. Il travailla bien toute la journée. En fin d'après-midi, il livra un étalon à un capitaine des dragons et revint avant la tombée de la nuit chez lui. Resté dans son fauteuil pour garder son logis, il s'assoupit bercé par le tic-tac de la pendule familiale.

Une légère secousse le réveilla en sursaut.

— Alors il paraît que tu souhaites me voir ?

Un homme d'une stature de lutteur, en costume avec des culottes et des bottes noires, une longue veste en brocard étroite aux épaules s'évasant au niveau des genoux pour laisser découvrir une épée, fermée par une ceinture retenant deux pistolets, avec un jabot blanc, se tenait en face de lui. Bien que la veste fût visiblement d'une facture supérieure que l'on pouvait admirer chez les nobles avec de multiples boutons et galons dorés, le faux juge ne portait aucune perruque, mais de longs cheveux de corbeau lisses, serrés en queue de cheval avec des ailes de pigeon qui lui cachaient les oreilles. Une fine barbe taillée et soignée contrastait avec son visage rugueux et buriné, barré de cicatrices de tailles diverses. Son regard perçant semblait sonder le cerveau du marchand qui s'était assoupi.

Deux hommes de main à la mine patibulaire et armés jusqu'aux dents accompagnaient le brigand.

Marx se ressaisit pour expliquer ce qu'il voulait proposer au chef des brigands.

— Monseigneur, je souhaiterais racheter ma liberté et suis prêt à vous payer un bon prix pour que vous me laissiez moi et ma famille tranquilles.

— Mon cher Jacob, nous ne demandons pas mieux, répondit goguenard le maître chanteur, mais tes péchés sont si nombreux qu'il va falloir nous faire don d'une somme très coquette pour que je puisse convaincre le tribunal d'abandonner toutes poursuites. Par ailleurs tes frais ont encore augmenté puisque tu viens de faire déplacer la Cour à ton domicile, ce qui soit dit en passant m'a fortement contrarié.

— Cela… représente quel montant pour vous ? interrogea Marx inquiet.

— Voyons voir, mon déplacement en plein milieu de la nuit va te coûter six louis d'or, auxquels j'ajoute les frais de mes deux greffiers ici présents, ce qui fait dix louis d'or. La fin des poursuites contre ta femme te coûtera dix louis d'or de plus, contre tes deux filles encore dix louis d'or et enfin contre toi mon cher Jacob cela te fera bien vingt-deux louis d'or.

À mesure que les louis s'accumulaient, le visage de Marx Jacob blêmissait. Mais l'addition infernale se poursuivit !

— La paperasse, les frais de greffe, l'archivage te feront dix de plus, soit si j'ai bien compté soixante-deux louis d'or que j'arrondis, car je suis bon prince, à soixante.

— Mais je n'ai pas cette somme, c'est une véritable fortune ! Monseigneur, ne pourriez-vous pas réduire ces frais à… vingt louis ?

Marx tentait d'entrer en négociation comme s'il allait acheter une jument.

— Enfin, Jacob, pour qui me prends-tu ? Crois-tu que l'on puisse négocier avec la Justice ? Je précise que la Cour veut être payée sur le champ ! Je suis sûr que tu caches ton trésor dans ta maison. Dis-nous rapidement où nous pouvons nous dédommager, ma patience a des limites et j'ai d'autres pénitents à châtier ce soir.

Marx Jacob alla chercher une cassette dissimulée dans le double fond de l'armoire de sa chambre. Il tendit la cassette au brigand en lui disant.

— Je vous donne toute ma fortune. Je n'ai pas plus.

— Voyons voir si le contenu de ta cassette correspond à nos exigences.

Le faux juge demanda à l'un de ses faux greffiers de compter le contenu de la cassette. Après quelques minutes, qui semblaient durer des heures, le greffier finit par dire :

— Dix louis d'or, trois cents livres et cinquante sous, chef.

— Voyons, Jacob, pourquoi ne veux-tu pas payer ce que tu nous dois ? Nous allons devoir être moins conciliants et ce sera moins agréable pour toi.

Après avoir jeté un regard circulaire dans la pièce, il fixa la cheminée.

— Il fait un froid de canard chez toi. Vous deux, allez ranimer ce feu moribond dans la cheminée pour que l'accusé puisse se mettre à son aise.

Les deux complices s'exécutèrent immédiatement.

En un rien de temps, le pauvre Marx se retrouva ficelé comme un saucisson à une chaise, pieds nus au-dessus des flammes, qui s'étaient réveillées et lui léchaient à présent douloureusement les orteils.

— Tu vois, Jacob, comme le monde est injuste. Certains meurent de froid, d'autres ont parfois trop chaud. Nous allons voir quel prix tu accordes à tes pieds. Vous deux, approchez notre accusé de l'âtre pour qu'il comprenne qu'on ne déplace pas impunément le juge Hans.

Une forte odeur de chair brûlée commençait, à présent, à se dégager de la cheminée comme si l'on y faisait cuire un rôti. Marx poussait des cris stridents de douleur.

— Ça sent le cochon, le cochon trop gras, dit un des tortionnaires qui s'esclaffaient.

— Vas-tu nous dire où est caché ton trésor, *marranos*, tu vas finir par réveiller toute la rue.

Le ton du chef montait. Il s'impatientait et se montrait de plus en plus agressif.

Le feu entamait déjà les chevilles et les mollets du supplicié, la peau venait de fondre, mettant à nu les muscles et les tendons, qui de rouge vif tournèrent rapidement au noir charbon de bois. La douleur devenait insupportable.

À bout de force, Marx finit par lâcher :

— Dans la cave… sous le… sous le bois….

Il s'évanouit, ses deux pieds fumants et lui tordu sur sa chaise, perclus de souffrance.

— Ah, le gredin ! vous voyez vous autres, personne ne résiste au supplice du feu. Descendez dans la cave et retournez-moi ce tas de bois. Je veux voir l'intégralité de sa fortune sur la table dans l'heure.

Les deux greffiers-bourreaux s'exécutèrent sans broncher et dévalèrent les escaliers en toute hâte.

Alors qu'ils cherchaient la bonne cave, un comité d'accueil d'une dizaine de gens d'armes les attendait et les assaillit. Leur résistance fut de courte durée et ils se retrouvèrent à leur tour à terre ficelés, bâillonnés et désarmés.

Le juge brigand s'était servi un verre de bière et avait entamé un morceau de viande récupéré dans la réserve. N'entendant plus aucun bruit, il héla ses greffiers.

— Alors, où en êtes-vous, nous n'avons pas toute la nuit. Pressez-vous.

Mais aucune réponse ne remonta de la cave. Il sortit donc ses deux pistolets chargés et éteignit les bougies. Doucement il se glissa dans l'escalier, frôlant les murs et descendit l'étage avec la souplesse d'un chat, ce qui n'empêcha pourtant pas une marche de craquer.

Après, tout s'enchaîna très vite. Plusieurs hommes lui tombèrent dessus par surprise. Des coups de feu éclatèrent. Une lutte, d'abord à l'épée, puis au corps à corps, s'ensuivit, pour finalement se terminer dans un bain de sang où restèrent étendus trois corps, l'un inerte, les deux autres gémissant.

Le brigand avait réussi à tuer l'un des policiers et était sérieusement blessé à l'épaule alors qu'un autre policier, étendu, souffrait d'une blessure au ventre.

Sans ménagement, on traîna le brigand vers l'extérieur avec ses deux complices. Ils furent jetés dans une charrette qui les conduisit directement en prison.

Le pauvre Marx fut immédiatement secouru par les policiers, mais ses pieds étaient en très mauvais état. On dut le transporter, assis sur sa chaise, chez le médecin qui lui appliqua différents onguents pour apaiser temporairement la douleur.

Les deux complices du brigand furent soumis à la question qui se révéla très efficace puisque toute la bande put être rapidement identifiée. En une semaine, tout ce beau monde se retrouva sous les verrous. La justice fut expéditive et l'on pendit haut et court tout le groupe de bandits en commençant par leur chef qui, jusqu'au dernier moment, s'était débattu comme un lion.

La vie du commerçant put reprendre son cours, il garda néanmoins des stigmates de cette nuit atroce où il avait cru vivre sa dernière heure et, malgré une forte claudication liée à l'amputation de plusieurs orteils, tous les jours, en se rendant péniblement au marché aux bestiaux, appuyé sur sa canne sculptée, il rendait grâce à son Dieu d'Israël de l'avoir épargné.

Ma nonna allait-elle aussi être sauvée par le Dieu qu'elle ne cessait d'invoquer ?

Chapitre 18
Errances métaphysiques : croire en qui ?

Des fantômes rôdaient dans les couloirs à côté de la chambre de ma nonna. Ils planaient au-dessus de nos têtes comme une fumée néfaste, un feu follet léchant une bouteille de gaz prête à exploser. La pièce se refroidissait progressivement, car personne n'avait eu l'idée de recharger le poêle en fonte qui gémissait et réclamait du combustible. Des détonations, de plus en plus espacées, indiquaient que le poêle arrivait en bout de course et ne pouvait plus remplir sa mission.

Dans la chambre à coucher de ma nonna, on pouvait sentir un courant d'air glacé se promenant à droite, puis à gauche. Je n'osais bouger. Finalement Madeleine rechargea le puits de fonte avec de grosses bûches de bois et le feu repartit presque instantanément. Le groupe des Barbus en appelait à Dieu et à sa bonté. De mon côté, je ne pouvais m'en satisfaire. Suffisait-il d'accumuler les stances sacrées et les supplications avec ferveur et conviction pour qu'une autre vie, meilleure et plus facile, vous soit offerte ? Pourquoi alors nous accrocher aux êtres chers qui étaient sur le point de nous quitter, puisqu'une vie nouvelle sans souffrance les attendait ? Si nous n'étions que de passage, pourquoi se soigner et se battre pour vivre ? Et ce Dieu de bonté auquel les Barbus faisaient appel, qui était-ce ?

Etait-ce le Dieu de la Bible mesquin et jaloux, imposant adoration et fidélité aveugle pouvant aller jusqu'au sacrifice de ses propres enfants, capable de créer les pires ouragans et inondations engloutissant tout sur leur passage ? Ou bien, était-ce un Dieu plus philosophique, celui de Spinoza, la force intelligente qui était derrière tout, l'un et le multiple, l'alpha et l'oméga, que les hindous dénomment le Brahman, les bouddhistes, le Dharma Kaya et les Chinois, le Tao révélé par le ying et le yang ? Était-ce le grand Architecte de l'Univers qui avait appuyé sur le bouton *on* pour provoquer le Big bang ? Et si Dieu n'était qu'une réponse à nos peurs et nos ignorances, un père tout puissant capable de pallier les carences de nos propres parents incapables de nous protéger ? Il me semblait difficile de croire en un Dieu anthropomorphique, barbu par-dessus le marché, alors qu'il était censé exister avant l'homme puisqu'il nous avait créés et devait se trouver partout en dehors et en dedans de nous.

Je n'étais pas non plus prêt à suivre Shiva dans sa danse cosmique, ou à arpenter l'octuple chemin sacré des bouddhistes pour atteindre l'illumination. De toute façon le Bouddha trouvait lui-même que spéculer sur l'absolu était une perte de temps.

Et si Dieu n'avait pas décidé de créer le monde, qu'en serait-il ? La mort n'existerait pas ? Spinoza parlait d'un Dieu immanent, universel, nécessairement existant, pourquoi fallait-il le révéler alors ? Tout comme cette histoire d'âme qui se sépare du corps, l'homme n'était-il pas unique ? Descartes ou Platon avaient-ils raison en évoquant ce dualisme entre le corps et l'âme ? Avant la Bible n'y avait-il pas déjà des croyances identiques ayant inspiré les auteurs du livre sacré ? Et quid des cultures animistes ? Finalement ces religions monothéistes n'étaient-elles pas destinées à mettre uniquement l'homme au centre de tout, pour développer l'agriculture, asservir les autres animaux avec lesquels on avait cessé de dialoguer ? Le besoin de spiritualité s'était déclaré pratiquement au même moment, dans le monde entier, lorsque les civilisations avaient apporté la sécurité à leurs membres. En Chine par Lao Tseu et Confucius, en Inde par Mahâvîra et Bouddha, Pythagore, en Grèce, Zoroastre en Perse, les Prophètes en Israël. Quelle histoire était la plus vraisemblable ?

J'en appelais à mes diverses lectures pour m'aider à y voir plus clair.

Je me souvenais de ce mythe égyptien d'Osiris sur la conception, la mort et la résurrection. Les histoires de déluges à affronter ne semblaient pas non plus être l'exclusivité de notre brave Noé. Dans le mythe mésopotamien de la légende de Ziusudra, il pleuvait déjà énormément.

L'existence d'un paradis perdu que l'on souhaitait à tout prix retrouver était évoquée en Perse antique. Zoroastre parlait du retour à un âge d'or avec Ahura Mazda, cette divinité unique, abstraite et transcendante.

Et les promenades de nos âmes ne semblaient pas plus être une particularité du christianisme. Le pythagorisme s'appuyait déjà sur la transmigration des âmes, tout en partant d'une imperfection originelle condamnant l'âme éternelle à être attelée successivement à différents corps constituant son tombeau. Cette transmigration des âmes – la métempsycose – se retrouvait dans de nombreuses religions, l'hindouisme, le bouddhisme, le catharisme. Elle était même évoquée dans la Kabbale, dans l'Islam druze ou la religion yézidie. L'âme était immortelle, séparée du corps et préexistante à celui-ci. Platon l'évoquait déjà avec son monde des idées détaché de celui des sens. Les religions anciennes s'étaient donc toutes occupées de la fin des temps, l'eschatologie cosmique, et de la vie après la mort, l'eschatologie individuelle. Les hommes, dans leur quête spirituelle, souhaitaient se rassurer en transformant l'angoisse de mourir en un espoir d'une vie éternelle dans un autre monde.

Mais était-on vraiment certain de cette vie meilleure après la mort ? Dans la mesure où personne n'avait encore pu faire un reportage convaincant sur le sujet, de nombreuses questions se bousculaient dans ma tête. Avec qui allait-on passer cette vie éternelle ? Il ne fallait pas se tromper de camarade de chambrée. Qu'allait-on bien pouvoir y faire ? Certes nous n'avions pas, tous, des occupations passionnantes sur cette modeste terre, mais certains en étaient pleinement satisfaits et n'aspiraient qu'à les poursuivre éternellement. Et, si un jour il suffisait de reprogrammer le contenu de notre cerveau dans un nouveau corps, fût-il en cuivre et en acier, ne deviendrions-nous pas éternels ? Quel serait alors encore le rôle des religions ?

Bien sûr, les rites religieux avaient leur importance et créaient du lien social. Les croyances collectives conféraient aux individus une culture et une histoire communes. Les pratiquants se retrouvaient ensemble, à des moments clés de leur existence, tout en acquérant des valeurs morales universelles.

Cependant, les religions avaient aussi créé des rivalités entre leurs différents adeptes qui considéraient comme seule et unique vérité celle qui leur avait été inculquée, enfantant ainsi les nombreuses guerres de religion et les fanatismes. La volonté de soumettre les hommes à certaines croyances religieuses constituait, pour moi, un obstacle à la liberté de chercher à comprendre le monde qui nous entoure. Cette liberté était exclusive de toute idée de prosélytisme, contraignant l'homme à croire à un message donné, propre à toute idéologie.

Dans ce voyage intérieur et mystique qui me conduisait dans les contrées de la mort, je souhaitais ardemment faire miennes les idées de Montaigne. Il expliquait que le but de notre carrière c'était la mort qui se trouvait au bout de la vie. Puisque celle-ci était inévitable, la sagesse consistait à maîtriser sa peur de la mort. « Le savoir mourir devait nous affranchir de toute sujétion et contrainte. » Cependant, lorsque le vent du boulet de canon tiré par la Camarde vous rappelle que votre tour va venir, il est difficile de faire preuve d'un tel fatalisme. En principe les croyants, qui leur vie durant se préparent à faire le grand saut, devraient le faire dans la joie et la bonne humeur. Quel bonheur on monte au paradis ! Pour certains, ayant adopté la version islamique ou plus précisément islamiste, il y aurait même soixante-douze houris prêtes à l'emploi, ce qui écarterait d'emblée les femmes les plus vertueuses…

Je restais empêtré dans mes doutes et mes interrogations, emporté dans un flot métaphysique, aux rivages jonchés de questionnements, que mes propres connaissances circonscrivaient.

Comment pouvait-on croire à toutes ces inepties ? Même en me forçant, il m'était impossible de partager ces croyances utopiques. Je demeurais donc dans mon coin, rempli de scepticisme et de doutes, tout en m'accrochant à la petite force vitale qui faisait respirer ma chère Marie et conservait attelé, au moyen d'un minuscule filin, son corps à son âme.

Ma main était toujours arrimée à celle de Marie comme un naufragé à sa bouée de sauvetage. Mes doigts s'engourdissaient. Mon sang était figé dans mes veines. Une grande lassitude s'emparait progressivement de mon esprit, mon regard fixé sur la fenêtre, s'égarait vers l'extérieur.

Dehors, les ténèbres avaient envahi le village qui se battait pour conserver un peu la lumière que la neige, n'ayant cessé de tomber, diffusait dans la rue. Elle venait au secours des rares réverbères installés par la commune, leurs jupes de lumière virevoltant dans l'obscurité comme si elles exécutaient une danse macabre.

Installé dans le fauteuil à proximité de ma chère mamama, mes pensées m'emmenèrent alors dans les années vingt, à l'époque où la jeune Marie rejoignit Strasbourg, pour y exercer sa première profession dans une boulangerie, celle d'aide-boulangère.

Chapitre 19
Mme Rosenblieh dans une ville désillusionnée

Lorsque la jeune Marie arriva à Strasbourg, la ville n'était plus allemande depuis quelques années déjà. Elle se souvenait que le retour à la mère patrie ne s'était pas aussi bien passé que l'on eût pu l'espérer. Après avoir expulsé les Alsaciens jugés trop germanophiles, cent douze mille personnes tout de même (dont le père d'Albert Schweizer), le gouvernement fit appel à des fonctionnaires français « de l'intérieur », ignorant le dialecte et l'allemand, pour reconstituer l'encadrement administratif. Aucune mesure d'adaptation ne fut prise pour tenir compte des difficultés linguistiques des Alsaciens et Mosellans, qui passèrent les mêmes concours administratifs que leurs compatriotes. Le français fut imposé immédiatement dans les écoles accueillant des maîtres et jeunes élèves alsaciens qui, éloignés pendant plusieurs décennies de la langue de Molière, ne la maîtrisaient plus. Sur le plan économique, l'Alsace était privée de son principal partenaire commercial et n'exportait plus vers l'Allemagne, qui boycottait les produits français à cause de l'occupation de la Ruhr et subissait, en outre, une importante dévaluation du Mark. Les vaincus partirent avec leurs machines-outils. Les matières premières manquaient cruellement. Cette situation délicate généra du chômage, de l'inflation et du mécontentement. Des mouvements de grogne se développèrent auprès des ouvriers et aboutirent à une grève générale en avril 1920.

Politiquement, trois partis s'affrontaient au lendemain de la victoire en Alsace : la SFIO défendant une assimilation pure et simple de la nouvelle province recouvrée, l'Union Populaire et Républicaine et le Parti Républicain Démocratique soutenant le respect des particularismes régionaux. Quant au Parti Communiste, il invoqua le principe de l'autodétermination de la population et arriva même à faire élire à Strasbourg, pour la première fois, un maire communiste en 1929.

L'Alsace, avec la Moselle, voulait à tout prix préserver les avancées conquises pendant sa période allemande : une législation sociale et économique plus progressiste que dans les autres régions françaises, des institutions d'hygiène, administratives et de prévoyance sociale plus performantes. Elle avait appris à s'autogérer dans le cadre d'un pouvoir décentralisé. Sans compter que plusieurs lois votées pendant la période française, avant l'intégration à l'Allemagne, étaient restées en vigueur en Alsace et en Moselle, alors qu'elles avaient été abrogées ou amendées par le gouvernement français entre temps. Ainsi en était-il de la loi Falloux, du 15 mars 1850, reconnaissant la liberté d'enseigner et laissant une place importante à l'enseignement privé, ou encore du Concordat conclu en 1801 entre Napoléon et le pape Pie VII qui mit fin aux conflits entre l'État français et l'Église catholique. Ce traité confirmait le caractère prépondérant de la religion catholique, apostolique et romaine qui pouvait être exercée librement en France ainsi que les autres religions minoritaires, les cultes luthérien, réformé et juif.

Les maladresses des pouvoirs politiques ne manquèrent pas, favorisant le développement d'un mouvement autonomiste. Après six longues années de tâtonnement, la réglementation française fut réintroduite avec le maintien d'une partie de la législation allemande.

Alors que des discussions houleuses s'élevaient à l'Assemblée nationale, la jeune Marie arriva dans une boulangerie non loin du centre de Strasbourg, dans l'Avenue des Vosges. Cet axe urbain, certainement le plus long de la capitale alsacienne, avait été créé pendant l'Annexion et permettait de faire défiler, côte à côte, jusqu'à treize chevaux en direction de Kehl, la première ville allemande au-delà du Rhin. De nombreux immeubles cossus où logeaient de riches familles allemandes et alsaciennes furent édifiés entre 1890 et 1910.

Marie livrait les croissants et le pain frais de bon matin, aux clients de la boulangerie. Les samedis, lorsqu'il y avait shabbat, elle ne se contentait pas de livrer ses produits de boulangerie, mais montait le charbon aux dames juives âgées vivant dans ces magnifiques immeubles et leur faisait le feu et la cuisine. Elle était très appréciée par Mme Rosenblieh qui voulait absolument la prendre à son service, mais moyennant un salaire encore plus modique que celui que lui versait son employeur.

Un samedi matin, alors que ma nonna gravissait les trois étages dans l'étroit escalier en colimaçon de l'un de ces immeubles cossus, chargée du charbon et des petits pains destinés à sa cliente, elle toqua à la porte de Mme Rosenblieh.

— Mme Rosenblieh, c'est Marie, je vous apporte les croissants. Est-ce que je peux entrer ?

Aucune réponse ne franchit le seuil de l'appartement. Inquiète, Marie se mit à malmener la porte en bois qui lui interdisait l'entrée du logement de sa cliente.

— Mme Rosenblieh, je ne vous entends pas. Vous êtes là ?

Un bruit sourd, puis, plus rien… Marie insista une fois encore. Soudain, la porte s'ouvrit violemment sur elle pour laisser passer un homme corpulent, de taille moyenne, enveloppé dans un manteau noir, son visage dissimulé dans un cache-nez en laine. L'homme ne prit pas la peine de contourner l'obstacle que formait le corps frêle de la jeune Marie et la renversa sans vergogne sur le palier. Entravé par les différents objets qu'il venait de dérober et par la pauvre Marie qui gisait à terre, il se prit les pieds dans le seau rempli de charbon et chuta lourdement dans l'escalier. Il dégringola un étage complet, sa tête heurta le nez de la marche qui lui régla son compte. Un flot de sang jaillit de son crâne passablement défoncé. Inconscient, son corps ne bougeait plus.

Lorsque Marie recouvra ses esprits, elle se mit à hurler, persuadée qu'elle venait de tuer involontairement le voleur. Mais bientôt d'autres cris étouffés se firent entendre provenant de l'appartement de Mme Rosenblieh. Marie se releva, entra dans l'appartement et aperçut la propriétaire des lieux, ligotée à une chaise, étouffée par un bâillon.

Marie défit les liens de sa cliente tout en pleurant hystériquement :

— Je l'ai tué, je l'ai tué, hurla-t-elle.

Lorsque Mme Rosenblieh fut libérée, elle ne semblait prêter aucune attention au sort du malheureux. En revanche, elle s'enquit fébrilement auprès de Marie :

— Ma fille, as-tu pu récupérer les objets qu'il m'a volés ?

Marie, désemparée, au bord de la crise de nerfs, répondit :

— Non, non, mais, je l'ai tué. Vous ne comprenez pas, il est mort ! Je vais aller en prison.

Fort heureusement la constitution robuste du malfaiteur lui permit de surmonter sa chute et les blessures qu'elle venait de provoquer. La police le cueillit, Mme Rosenblieh récupéra son argenterie et Marie devint l'héroïne du quartier.

Cette aventure avait perturbé la pauvre Marie beaucoup plus qu'elle ne le pensait. Vivant dans la crainte d'éventuelles représailles du voleur, elle n'osait plus livrer les croissants dans l'avenue des Vosges. Elle évitait soigneusement l'immeuble où avait eu lieu l'incident et quelques mois plus tard, elle saisit la première occasion pour changer d'air.

La petite aide-boulangère laissa, à regret, la capitale alsacienne derrière elle pour en rejoindre une autre, plus vaste, plus luxueuse, plus romantique, où l'on parlait une langue qu'elle ne comprenait quasiment pas : Paris.

Chapitre 20
Paris, rue Royale

L'arrivée de Marie à Paris coïncida avec celle d'un pionnier de l'aviation qui avait décidé de traverser en solitaire et sans escale, l'océan Atlantique. Après trente-trois heures et trente minutes, le Spirit of Saint Louis atterrit avec Charles Lindbergh, au Bourget en reliant pour la première fois New York à Paris. Plus de cent cinquante mille personnes attendaient impatiemment l'aviateur toute la journée qui finit par arriver après vingt-deux heures. La foule se précipita pour extirper le premier pilote ayant traversé en solitaire l'atlantique et le porter en triomphe pendant plus d'une demi-heure tandis que d'autres spectateurs arrachaient des morceaux de toile du Spirit en souvenir de ce grand évènement. À Paris, Gare de l'Est, il n'y eut personne pour accueillir Marie qui, elle aussi, venait de faire sa traversée. Curieusement cette gare, considérée comme l'une des plus belles au monde, ne se trouvait à l'est de Paris que par son nom. Elle se situait dans la partie septentrionale de la capitale, car la voie Paris – Strasbourg contournait par le nord le relief qui s'étendait de Romainville à Fontenay-sous-Bois. Avec ses trente voies à quai, Marie ne sut où donner de la tête et cherchait désespérément une âme charitable pour lui indiquer son chemin, que sa demi-sœur, elle-même au service d'un officier et qui l'avait recommandée, n'avait pourtant pas manqué de lui indiquer sur un morceau de papier.

Un tramway électrique à impérial de la CGO l'attendait devant la gare, pour l'emmener non loin de la Madeleine, cette église étrange ressemblant à un temple grec. Elle fut reçue rue Royale par le majordome d'un vieux général, d'une cinquantaine d'années, ventru et chauve, habillé d'un complet noir qui lui donnait un air de macareux, avec un crochet pour guise de main droite qu'il omit volontairement de tendre :

— Bonjour, je suis monsieur Reynal, le majordome du Général, dit-il en ajoutant :

— Tu logeras avec Marguerite, notre cuisinière dans les combles. Elle te montrera où tu peux t'installer. Prépare-toi rapidement, car tu es attendue en cuisine. Marguerite t'expliquera tout.

— Bien, Monsieur, répondit timidement Marie, qui n'avait pas tout saisi, car le débit de M. Reynal était aussi rapide qu'une rafale de mitraillette.

L'accueil fut expéditif, peu chaleureux, très martial, il ne manquait plus qu'un claquement de talons pour que l'illusion de se trouver dans une caserne soit parfaite.

Marie fit connaissance avec la maisonnée au fur et à mesure que s'accomplissaient les différentes tâches domestiques de la journée. Le vieux général que la Guerre avait transformé en unijambiste bénéficiait chez lui d'une petite brigade pour lui faciliter son quotidien. Cette troupe était composée de son majordome, monsieur Reynal, d'un chauffeur qui servait également d'homme à tout faire lorsqu'il ne conduisait pas la Berliet VH de son patron, d'une femme de chambre, d'une cuisinière et d'une aide-cuisinière, poste qu'allait occuper notre nonna pour remplacer, à terme, la vieille Marguerite, laquelle avait fait savoir à son employeur qu'elle comptait retourner sur les terres de ses ancêtres en Bretagne dans l'année en cours.

Le patron de nonna était veuf, acariâtre et, malgré la disparition de l'un de ses membres, aimait à constater que les autres restaient toujours en parfait état de fonctionnement. Il avait réussi à faire fuir les rares infirmières qui s'étaient aventurées dans sa chambre pour lui changer les bandages, car le vieux soldat n'était pas seulement bancroche, il souffrait aussi d'une maladie de peau provoquant des plaies sanguinolentes qu'il fallait soigner quotidiennement. Faute de candidates, on avait assigné cette tâche délicate à l'aide-cuisinière sans l'en informer préalablement. Marie découvrit cette singularité dès le lendemain de son arrivée.

Vêtue de son tablier de cuisine, elle toqua craintivement à la porte de la chambre du général, en ignorant ce qui l'attendait. Pour le vieil infirme, l'aubaine était trop belle. Une jeune provinciale ingénue tombée du nid, qui allait le tripoter tous les matins et lui préparer les repas à midi et le soir, il décida de ne pas l'effaroucher tout de suite. Tout en se rendant aimable les premiers jours, il orienta progressivement les soins :

— Viens, rentre donc, ma fille, cherche ma jambe en bois et aide-moi à la fixer.

— Change mes bandages à ma jambe. Je crois qu'une plaie s'est ouverte là, non ! Un peu plus haut !

— Mais qu'attends-tu, nom de dieu, ne sois pas si peureuse, ne sais-tu donc pas à quoi ressemble un homme ?

Ce manège dura plusieurs jours. Marie interrogea la femme de chambre qui évitait soigneusement la chambre du général à chaque fois qu'il s'y trouvait. Elle finit par éclairer la lanterne de notre pauvre nonna. Elle apprit qu'elle succédait à trois aides-cuisinières en deux mois, les trois autres avaient rendu leur tablier après avoir résisté courageusement aux assauts répétés du vieux soldat. Plus personne de la gent féminine n'osait pénétrer dans la chambre du général, lequel se comportait parfois comme un véritable cosaque et, malgré sa démarche claudicante, avait une solide réputation de coureur de jupons.

Après ces révélations, Marie redoubla de précautions lorsqu'elle prodiguait les soins matinaux au général. Elle limita volontairement la zone de soins à celle que lui commandait la décence, malgré les protestations de l'officier qui finit par la prendre en grippe.

La spécialité de la maison liée au « bandage » quotidien de l'infirme eut raison de la bonne volonté de Marie. Après six mois passés dans cette succursale de l'Hôtel des Invalides, ma nonna saisit la première occasion pour changer d'air en rejoignant un hôtel particulier, situé à Saint-Germain-des-Prés, au service d'un magistrat de la Cour de cassation.

Chapitre 21
Saint-Germain

Monsieur le Conseiller Jean Eudes Fabvre était né à Marseille en 1859. Tous les membres de cette famille brillaient dans leur domaine. Le frère aîné, Edouard, s'était hissé au plus haut degré de la science française en devenant membre de l'Académie des Sciences, le second Léandre, pianiste virtuose, se produisait sur les plus grandes scènes du monde, alors que le benjamin, Jean-Eudes venait d'être nommé conseiller à la Cour de cassation, la plus haute juridiction française, suivant ainsi le même chemin qu'avait emprunté, un demi-siècle avant, son grand-père paternel.

La famille Fabvre avait élu domicile à Saint-Germain-des-Prés, Rue des Saints-Pères, dans un hôtel particulier hérité par Mme Fabvre. Une femme de chambre, une cuisinière et un chauffeur s'occupaient du bien-être de la famille du Conseiller et de ses deux filles. L'aide-cuisinière qu'il venait de recruter permettait de compléter l'équipe de domestiques, car les Fabvre recevaient beaucoup.

Ce fut- alors certainement, les plus belles années de la vie de Marie qu'elle évoquait toujours avec des trémolos dans la voix. Elle remplaça très vite la cuisinière qui, enceinte, avait rejoint ses Côtes-du-Nord natales.

Marie vécut cette période comme une renaissance. La découverte d'un nouveau monde, raffiné, propre, cultivé, intelligent et respectueux. Très vite, les qualités culinaires de Marie conquirent toute la famille et la rendirent indispensable. Elle introduisit le Kougelhopf, la tarte au *streusel* – ce mélange de beurre, de farine fine ou de chapelure avec du sucre – la tarte aux quetsches, les *bredele* de Noël, le père Fouettard accompagnant le Saint-Nicolas dans ses tournées de pain d'épices et le *chriskindel* et bien d'autres coutumes de l'Est. Noël était sa fête préférée, l'Alsace s'invitait dans la ville de lumière. Des liens indéfectibles se tissaient au gré des jours avec les enfants de ses employeurs et surtout, avec la petite dernière qu'elle adorait par-dessus tout, Odile, que tout le monde surnommait Dilou.

Espiègle et gracieuse, Dilou avait trouvé, en Marie, une alliée sûre et fiable qui la couvrait et assurait constamment ses arrières pour lui éviter les réprimandes de ses parents, certainement méritées de temps en temps.

Par amour pour sa chère Dilou, Marie avait passé des jours et des nuits à requinquer une petite chatte de gouttière pour lui éviter un séjour écourté sur cette terre. Elle lui en était encore reconnaissante après toutes ces années. Pas la chatte, bien sûr, elle s'était noyée depuis fort longtemps dans le Styx. Dilou, devenue nonna à son tour, en reparlait avec tendresse et nostalgie chaque fois qu'elles se voyaient. Ces liens n'avaient jamais été rompus, Marie était la maman nourricière, Dilou, la fille de Paris.

Paris ! Le cinéma, Notre-Dame, le Sacré-Cœur, la tour Eiffel, Saint-Germain-des-Prés, la mode, les chapeaux, le français, magnifique langue oubliée ! Que de découvertes pour une fille de la campagne parlant l'allemand et un français très approximatif ! Avait-elle eu droit à son premier amour, son premier flirt ? Était-elle montée sur la tour Eiffel qui devait être démantelée ? Avait-elle pu voir des spectacles, des chansonniers, ces nombreux monuments qui tels des sentinelles de l'Histoire voyaient passer les badauds ? J'avais omis de poser de nombreuses questions. Mais il me semblait bien que Marie avait eu l'occasion de vivre une amourette sous le ciel de Paris.

Chapitre 22
L'heure du laitier

Jean. Il s'appelait Jean et livrait le lait très tôt le matin. Ses livraisons tiraient en longueur lorsqu'il passait chez Marie, très matinale elle aussi. Il fallait faire plusieurs voyages, revoir les niveaux, boire rapidement un café, puis un deuxième et de fil en aiguille, l'amitié s'installa entre les deux tourtereaux, jusqu'à ce qu'une petite étincelle mit en route le feu de Cupidon.

La livraison du lait devenait un évènement attendu et espéré. Elle se renouvelait de jour en jour, durait, se prolongeait anormalement, ces instants de complicité firent naître en Marie un sentiment nouveau. L'amour d'abord embryonnaire, qu'elle ressentait en son tréfonds pour Jean le laitier, prit de plus en plus d'importance, bouillonnait en elle, jusqu'au débordement, un volcan prenait vie.

Puis vint le premier vrai rendez-vous, un dimanche après-midi, lorsque le travail terminé, Marie eut l'autorisation de rendre visite à « sa demi-sœur ».

Le soleil semblait attendre les deux amants, Il chauffait de tout son éclat l'allée des trembles du jardin du Luxembourg, où ils s'étaient donné rendez-vous, à côté de la statue de la Liberté offerte par Bartholdi, le célèbre sculpteur colmarien qui rappelait à Marie son pays natal.

L'automne poussait l'été qui tardait à quitter Paris, les feuilles des arbres jaunissaient et apportaient des touches dorées dans l'azur qui accueillit les amoureux.

Ils parlèrent beaucoup, rirent, esquissèrent des projets.

Au cinéma, on jouait le Kid de Charlie Chaplin, l'histoire d'une mère d'un tout jeune enfant qui, ne pouvant le nourrir, l'abandonnait. Après de multiples péripéties, Charlot le clochard le prit sous son aile et l'éduqua de son mieux, malgré sa misère. Cinq ans après l'enfant, devenu une copie réduite du clochard, fut arraché à Charlot par les services sociaux puis finalement récupéré par sa mère devenue riche. La scène du retrait du Kid par les services sociaux fit pleurer Marie qui inconsolable se réfugia au creux de l'épaule de son laitier. Ce jour-là Marie vit son premier film et eut son premier baiser.

Chapitre 23
Tournez manège !

La remémoration de cette période parisienne me rappela un échange avec ma chère Marie sur mon grand-père qui n'était pas laitier de son état :

— Comment vous êtes-vous rencontrés ? demandai-je un jour à ma nonna.

— Je te l'ai déjà raconté cent fois, répondit-elle. Il était veuf avec deux enfants en bas âge sur les bras. Ma cousine m'a demandé de l'aider et ça s'est fait comme ça. Tu m'agaces avec tes questions.

— Oui, mais, tu étais à Paris à cette époque-là et tu nous as toujours dit que c'était l'une des plus belles périodes de ta vie.

J'essayai de pousser ma nonna au pied du mur sans y parvenir. Elle vaquait invariablement à ses occupations en éludant la question.

Cette attitude aiguisa ma curiosité. Voulant résoudre cette énigme, je menais une enquête digne de Sherlock Holmes, et un jour, je finis par tomber sur plusieurs lettres que ma grand-mère dissimulait dans son armoire. Elles me révélèrent plus précisément les circonstances de cette rencontre, car j'en étais resté longtemps à Jean le laitier et au Kid.

À Paris, chez les Fabvre, Marie avait trouvé ses marques. Sa vie était organisée autour de son travail, très prenant, et de ses sorties dominicales avec Jean. Elle retournait de moins en moins dans sa patrie natale, mais dut s'y résoudre pour soigner une appendicite. Deux semaines lui furent nécessaires pour se rétablir. Avant son départ pour Paris, alors qu'elle avait entrepris d'annoncer ses futures fiançailles à sa famille, quelques jours avant Noël, avec la ferme intention de présenter à tous son Jean, un drame secoua l'entourage de Marie. Un petit cousin des tantes de Marie venait de perdre son épouse en couche et devenait veuf à trente-huit ans avec un garçon de neuf ans et un nouveau-né sur les bras. Le célibat prolongé de ma nonna à Paris commençait à faire jaser les commères et la famille. Ce décès prématuré laissait entrevoir de nouvelles perspectives.

Le veuf était propriétaire d'une belle ferme située au centre du village voisin qu'il avait héritée de ses parents. L'immeuble griot ! Cependant, compte tenu d'une fratrie nombreuse – ils étaient onze enfants – la terre fut partagée au profit des dix autres frères et sœurs, si bien que cette belle ferme se retrouva privée du moteur essentiel faisant tourner une exploitation. Le veuf ne pouvant survivre avec les cinquante ares qu'il avait pu sauver, dut trouver un travail et réussit à se faire recruter en qualité de facteur.

Ce furent d'abord quelques allusions appuyées qui envenimèrent le court séjour de ma nonna, puis des pressions de plus en plus fortes pour se transformer, avant son départ, en ultimatum.

Elle eut droit de ses tantes en crescendo :

— Tu ne vas tout de même pas laisser ce pauvre Aloyse élever deux enfants si jeunes !

— Tu vois, il a dû les abandonner à sa sœur en attendant. Les voilà orphelins de mère et privés de leur père…

— Enfin, Marie ne soit pas si égoïste. Tu n'as aucun avenir à Paris éloignée des tiens. Toutes les jeunes filles reviennent de Paris pour fonder une famille.

— Et tu n'es plus très jeune. Les femmes et les hommes de ton âge sont déjà tous casés !

— Arrête de rêver et sors-toi ce laitier de la tête !

— Aloyse n'est plus très jeune, mais il a une belle ferme.

— Pense à ses pauvres enfants, alors que toi tu nourris des enfants étrangers…

— Marie, ce n'est plus la peine de revenir pour Noël si tu n'acceptes pas ce mariage inespéré !

L'idée fut implantée et enfouie dans le cerveau de Marie qui rejoignit Paris plus troublée que jamais. Au retour de Marie, Jean le laitier, lors de sa visite quotidienne, lui exposa plus clairement ses projets. Il possédait un peu d'argent et avait un oncle sans enfant âgé qui souhaitait se faire seconder pour gérer sa ferme normande. Ne manquait plus qu'une femme aimante prête à fonder une famille pour que le tableau devienne idyllique. Marie évitait soigneusement de répondre à ses sollicitations pour gagner du temps. Et pendant six mois durant son laitier amoureux et transi revint à la charge sans répit.

— Marie, tu es la femme que j'attendais. Présente-moi à tes parents. Tu verras, ils m'adopteront. Nous serons heureux. Fixons la date de notre mariage à l'Assomption, la montée au ciel de la Sainte Vierge…

Les pressions se répétèrent du côté alsacien.

Et un beau jour, le Conseiller Fabvre reçut une lettre du curé du village de Marie qui, à la demande de toute une famille désespérée, sollicitait son intervention pour trouver une femme au pauvre facteur veuf et dépassé.

Il l'incita à libérer Marie de son travail à Paris afin qu'elle puisse accomplir la volonté de Dieu et, accessoirement, d'une partie de sa famille. L'employeur de Marie était un homme élevé dans la religion catholique, pratiquant et très croyant. Il convoqua sa cuisinière pour lui exposer la situation qu'elle connaissait déjà. Il trouva les mots pour convaincre Marie, son avenir était dans cette famille, privée d'une présence féminine, son salut passerait par ce sacrifice pour le bien de ces deux orphelins.

Aloyse était un bon chrétien, travailleur. La différence d'âge (dix-neuf ans tout de même !) était un gage de maturité et de stabilité. Un mari idéal en quelque sorte…

Marie eut son congé et dû signifier un autre plus déchirant à son bel amant de Saint Germain avec qui le mariage tant souhaité, devenait une option impossible.

Au retour de Marie, le mariage avec Aloyse fut célébré promptement pour éviter aux regrets de faire leur office. Le voyage de noces se résuma en une excursion au mont Sainte-Odile et pour montrer sa gratitude, Aloyse offrit un collier à Marie, conservé depuis dans sa boîte secrète avec des courriers de ses tantes évoquant cette transaction. Et voilà comment des évènements sans lien au départ entre eux, la pression familiale et l'obéissance qu'elle induisait ont pu changer la destinée de ma nonna.

L'immeuble-griot, délaissé depuis un certain temps déjà, me fit comprendre sa contrariété. Il me prit par la manche pour me rappeler que la roue tourne même si parfois elle est voilée et d'un coup, d'un seul, me ramena en arrière vivre un autre moment de son histoire, un peu comme si j'observais la pensine de Dumbledore dans le réceptacle du temps.

Chapitre 24
De profundis

Les brumes hivernales se répandaient dans les champs et les bois en s'immisçant peu à peu dans le village qui, malgré les dix coups de la grande cloche qui venaient de retentir, semblait encore endormi sous le givre. Jérôme Pettmesser et son épouse Rosalie suivaient péniblement le corbillard, tiré par deux chevaux noirs piaffant d'impatience, contrariés par la petite allure que leur imposait le cocher pour arriver au cimetière, non loin de l'église. Quelques corbeaux de circonstance accompagnaient dans les airs le cortège en croassant. Une foule silencieuse et endeuillée avait adapté sa progression à celle du corbillard.

Quelques jours auparavant, Jérôme eut encore droit de la part de son ami le prévôt à un récit détaillé sur ce pauvre maréchal que toute la France pleurait.

— Maurice de Saxe, né à Dresde, le 19 octobre 1696, dont le père Frédéric-Auguste, fut électeur de Saxe puis roi de Pologne. Savais-tu qu'il rejoignit, à douze ans, l'armée de son père à pied devant Lille pour lutter contre la France ? Il servit le tsar Pierre 1er, le prince hongrois Eugène à Belgrade où il rencontra le prince de Dombes et le comte de Charolais, tous deux princes du sang de France, qui furent impressionnés par le courage de ce jeune soldat. Maurice de Saxe, partit finalement se battre pour la France.

— Pourquoi la France me diras-tu ? (Il faisait les questions-réponses.) À cause de sa femme et de son mauvais caractère ! Il fut ainsi présenté au duc d'Orléans qui avait déjà beaucoup entendu parler de sa témérité et de son courage par le prince de Dombes et le comte de Charolais. Le Duc lui proposa d'entrer au service de la France en lui confiant le grade de maréchal de camp. Après avoir eu l'accord de son père, le roi Auguste, il accepta sa nouvelle situation et en profita pour se séparer de sa femme. Il put mettre à profit ses talents de guerrier dès 1733, le roi de France ayant déclaré la guerre à l'empereur romain germanique Charles VI, qui s'était opposé à la réélection en Pologne du roi Stanislas, le beau-père de Louis XV, tu te rappelles Jérôme, celui qui habitait à Wissembourg, le père de la belle Marie.

— Si je m'en souviens, maître Elssaesser ? Je me souviens même qu'il est passé dans notre village alors que je travaillais sur les us et coutumes en vigueur dans notre bailliage, il y a bien longtemps maintenant.

— Tu as en effet une bonne mémoire Jérôme, cela fait près de trente-cinq ans déjà, comme le temps est passé vite. Je vois encore le cortège de carrosses emmenant notre reine à Strasbourg. Mais revenons à ce grand militaire, certainement l'un des plus grands.

Le comte de Saxe s'illustra si bien dans cette campagne que le roi le nomma lieutenant général de son armée. La nouvelle paix qui en découla allait durer jusqu'à la mort de l'empereur Charles VI. Notre maréchal put à nouveau montrer tous ses talents de guerrier lorsque la succession de l'empereur s'ouvrit. Tu te souviens de ces pandours qui nous ont si sauvagement agressés et du miracle de Metz ?

— Bien sûr, maître Elssaesser. Je n'ai jamais autant prié de ma vie pour que Dieu vienne en aide à notre roi, répondit Jérôme.

— Toute cette affaire a une origine successorale. (Il aimait commencer ses explications par « toute cette affaire ».) À la mort de l'empereur d'Autriche, il y eut plusieurs prétendants revendiquant les territoires des Habsbourg. Sa fille aînée, Marie-Thérèse, alors âgée de vingt-trois ans, réclamait toute la succession des États de son père, en vertu de la Pragmatique-Sanction.

— La Pragmatique-Sanction ? interrogea Jérôme qui ignorait cette règle.

Maître Elssaesser reprit son exposé avec gourmandise.

— C'est un édit de 1712 ou 1713, je ne m'en souviens plus très bien, autorisant la fille de l'empereur à hériter du trône d'Autriche et de tous les territoires des Habsbourg, l'archiduché d'Autriche, le royaume de Hongrie, les territoires italiens, les Pays-Bas et le royaume de Bohême. Mais l'électeur de Bavière prétendit, avec l'appui de la France, que la Haute-Autriche et la Bohême devaient lui être dévolues. Le roi d'Espagne et l'électeur de Saxe firent valoir aussi des droits sur les États héréditaires de la maison d'Autriche. Enfin, le roi de Prusse, Frédéric II, demanda une partie de la Silésie qu'il obtint après sa victoire à Molwitz contre les Autrichiens. Le comte de Saxe traversa le Rhin avec quarante mille soldats français en 1740 pour marcher sur le Danube. Il s'empara de Budweis, de Prague, de Bénischaw, et d'Egra. Il remit cela quelques années après, juste avant l'arrivée du roi à Metz, en marchant sur la Flandre autrichienne et prit notamment Menin et Ypres. Rappelle-toi, Jérôme, cette guerre s'est terminée par le traité d'Aix-la-Chapelle qui a surtout profité au roi de Prusse Frédéric II. Alors que la France s'était emparée de la Flandre autrichienne, elle a restitué tous les territoires conquis. L'époux de Marie Thérèse s'est ainsi vu reconnaître la couronne impériale et finalement seule la Silésie n'a pas été restituée aux Polonais. Nous avons travaillé pour Frédéric II, sans obtenir un louis de dédommagement !

— Il nous a tout de même aidés à nous débarrasser des Autrichiens et de leurs alliés. Et le maréchal de Saxe dans tout cela, qu'est-il devenu après ? demanda Jérôme.

Le vieil homme prit son temps pour répondre et dit :

— Le roi ne fut pas ingrat. Pour remercier le maréchal de Saxe qui s'était si bien illustré pendant cette guerre de succession, il lui donna en remerciement le château de Chambord avec une confortable rente, très utile, car le château n'était pas dans le meilleur état.

Malheureusement, l'oisiveté ne réussit pas aux grands guerriers. Il y a quelques mois, il fut saisi d'une fièvre maligne que même monsieur de Sénac, le médecin personnel du roi, n'a pu soigner. Il s'est éteint en novembre dernier et sa dépouille a été déposée à Strasbourg au Temple Neuf, chez nous, puisque l'Alsace reste l'une des rares provinces à accueillir les luthériens. Tu n'étais pas à la procession ?

— Hélas, non ! J'ai été pris par diverses obligations ces derniers temps.

— Je ne peux plus me déplacer non plus, lui répondit le vieux prévôt, mais j'ai lu une honorée très précise sur le cortège funèbre que m'a adressée l'un des acteurs de cette cérémonie, M. Froereisen, docteur et professeur en théologie de Strasbourg que je connais bien. Et il se mit à sortir de sa vieille commode plusieurs feuilles de parchemin qu'il commença à lire comme s'il faisait lui-même le rapport des obsèques. La description par le vieil Elssaesser fut si réaliste que Jérôme avait l'impression d'y avoir assisté.

S'ensuivirent, ensuite, des considérations sur le temps qui passe. Le vieil Elssaesser, sage parmi les sages avec sa barbe de philosophe dit à Jérôme :

— Tu vois, Jérôme, on peut avoir connu de grandes victoires, avoir obtenu tous les honneurs et vécu dans les ors des palais et des châteaux de rois prestigieux, mais finalement nous terminons tous au même endroit, le faste qui accompagne la dernière cérémonie n'est que de l'habillage que l'on oublie aussi rapidement que le nom de nos plus illustres généraux. Qui se souviendra encore du Maréchal de Saxe dans un siècle ?

— Il me semble qu'un mausolée doit être sculpté par Pigalle, le sculpteur du roi. Il nous permettra de nous souvenir de ce grand maréchal, rétorqua Jérôme.

— Tu as sans doute raison, mais vois-tu, le temps passe et malgré les statues et les écrits, je ne suis pas certain que le peuple ait beaucoup de mémoire. Le fait de terminer au même endroit nous conduit d'ailleurs à d'autres questionnements. Certains sont, de par leurs origines, prédestinés à suivre une route toute tracée alors que d'autres travaillent dur pour s'en sortir. Est-ce juste que les premiers soient au sommet de la hiérarchie, car ils ont du sang bleu ? La naissance peut-elle tout commander ?

Maître Elssaesser laissa s'installer un blanc et reprit :

— Mais je n'ai plus l'âge de me battre même pour de nobles causes. Je me demande simplement quelle autre vie aurais-je eue, si j'avais été fils de marquis. Je ne suis pas certain que cette vie eût été meilleure que la mienne, même si je m'interroge souvent sur la pertinence de mes choix. Et si j'avais été juif ou protestant ? Nous restons toujours pauvres de nos expériences évitées, en ne retenant que ce que le tamis de la mémoire n'a pas rejeté. Mais penses-tu que c'est toujours l'essentiel ou la vérité ? Je crois que notre esprit fait un tri sélectif pour ne retenir que les actes et les évènements dont on peut s'enorgueillir et qui ne nous font pas rougir de honte, pour enfouir au plus profond de notre âme tous nos petits actes vils et pernicieux. Certains d'entre nous laissent une trace dans la mémoire collective pendant quelque temps. D'autres disparaissent comme disparaissent les fleurs de nos cerisiers aussi vite que le printemps et même si quelquefois ils ont pu éblouir leur entourage, ils sont rapidement remisés dans nos mémoires pour n'être ramenés à la vie, dans le meilleur des cas, qu'une fois par an à la Toussaint.

Il sourit en regardant longuement avec tendresse Jérôme, l'embrassa comme un père l'aurait fait s'il eût été son fils, et prit congé.

Le lendemain, après cette veillée très philosophique, maître Elssaesser rendit son dernier souffle et se trouvait à présent allongé dans la boîte en sapin drapée de noir posé dans ce corbillard tiré par les deux alezans, derrière lequel avançaient, inconsolables, Jérôme et sa femme, pour accompagner leur protecteur vers sa dernière demeure. Allait-il faire un passage au purgatoire, rejoindre, comme le maréchal de Saxe, directement le royaume de Dieu ou descendre aux enfers ?

Chapitre 25
Cerf Berr

La disparition de son père spirituel avait largement entamé le moral de Jérôme. Plusieurs évènements s'étaient bousculés depuis. Bien sûr, il y eut l'attentat contre le roi Louis perpétré par le moine Damiens, mais cet évènement fut vite oublié dans la province tout comme son auteur que l'on démembra. En revanche, le violent incendie que connut la cathédrale de Strasbourg le 27 juillet 1759 restait gravé dans la mémoire de tous les Alsaciens. La foudre était tombée en début d'après-midi, un feu se déclara et fit fondre le toit en plomb de Notre-Dame. Les toitures se consumèrent très vite ainsi que la mitre gothique de la croisée du transept. Et comme si cela ne suffisait pas, la foudre frappa à nouveau la flèche de la cathédrale moins de deux mois après cet incendie. Dieu avait-il voulu sanctionner la vanité de ces constructeurs qui avaient osé ériger un doigt dressé vers lui, défiant aussi bien les lois de la nature que son autorité ?

Jérôme occupait à présent le poste de prévôt laissé vacant par le décès de maître Elssaesser. Le bailli avait exigé que le nouveau prévôt s'installât dans la commune voisine à La Wantzenau, ce qu'il fit tout en revenant dans sa ferme alsacienne de Kilstett, trois jours par semaine.

Dans l'exercice de ses nouvelles fonctions, Jérôme put rendre, au soir de sa vie, un inestimable service à un ami juif, très en vue dans sa communauté, que lui avait présenté quelques années auparavant Marx Jacob.

Alors qu'un conflit armé secouait à nouveau une partie de l'Europe, opposant les royaumes d'Angleterre et de Prusse à la France, qui venait de s'allier à l'Autriche, Cerf Berr, l'ami de Jacob, fournissait des chevaux à la cavalerie de l'armée française stationnée à Strasbourg. Proche du grand bailli d'Alsace, le duc de Choisel, Cerf Berr l'avait sollicité pour qu'on l'autorise à résider dans la capitale alsacienne. Son statut de juif ne lui permettait pas de résider à Strasbourg. Il était en effet soumis, comme ses coreligionnaires, au *Gruselhorn*, qui l'obligeait à quitter, au crépuscule, la capitale alsacienne pour se rendre à son domicile à Bischheim. Plus d'une fois, il faillit être victime de voleurs pour qui une bourse bien remplie valait bien plus qu'une vie. L'aventure de Marx Jacob l'avait également fait réfléchir. Cerf Berr s'était mis en tête d'obtenir une dérogation de résidence pour ne plus avoir à quitter la ville et assurer ainsi mieux sa propre sécurité et celle de ses proches, du moins en hiver.

Les magistrats de Strasbourg s'opposèrent farouchement à cette demande, en mettant en avant sa qualité de préposé des juifs d'Alsace, fonctions auxquelles il fut nommé en remplacement de Moïse Blin de Rosheim à son arrivée en Alsace, lorsqu'il quitta son Palatinat natal. Ils craignaient l'arrivée de nombreux mendiants si l'un des représentants de la religion israélite demeurait dans leur ville et, par voie de conséquence, l'augmentation des vols. À leur décharge, la guerre de Sept Ans avait attiré divers groupes déracinés, dont certains ne vivaient pas seulement de mendicité, mais aussi de vols et de menus larcins. La situation restait bloquée.

Le duc savait que le préposé des juifs, avec l'appui des petits États germaniques, dont celui du Palatinat, berceau de la famille Berr, avait aidé à la conclusion de cette nouvelle alliance franco-autrichienne pour lutter contre la Prusse protestante, lorsqu'il était ambassadeur de France à Vienne.

Le ministre des Affaires étrangères français écrivit, à la demande du duc, aux magistrats strasbourgeois et obtint l'accord de ces derniers qui, outre certains engagements que devait prendre Cerf Berr, n'émirent qu'une condition, celle de produire un contrat de bail ou un titre de propriété portant sur un immeuble à Strasbourg. L'obstacle ne devait pas être sous-estimé. Ces Messieurs savaient mieux que quiconque qu'un juif ne pouvait devenir propriétaire d'un immeuble dans la ville. Et trouver un propriétaire prêt à louer à un juif qui n'était pas censé pouvoir dormir dans la résidence destinée à la location s'avérait inextricable. C'est précisément là qu'entrèrent en jeu les relations de Jérôme.

La tante de Rosalie avait laissé à sa mort, une belle maison bourgeoise fort bien située dans la capitale alsacienne. Les cousins de Rosalie avaient envisagé un instant de la vendre. Mais connaissant l'importance qu'une telle location représenterait pour le marchand de chevaux, Jérôme sut les convaincre de conserver le bien et proposa immédiatement de le louer à une personne dont il se portait personnellement garant. Il fit préparer un bail en bonne et due forme pour que Cerf Berr puisse produire le justificatif que les magistrats de la ville n'attendaient plus ce qui permit à ce dernier de s'installer à Strasbourg avec sa famille et ses serviteurs. Le préposé des juifs restait redevable de droits d'octroi pour toute sa nourriture. Aucun bureau d'affaires ne pouvait être créé par lui dans la ville, il ne pouvait pas plus héberger de juif, ni prendre aucun objet en gage ou encore créer une synagogue. Quand Cerf Berr souhaitait prier, il devait retourner à Bischheim.

Jérôme ne profita pas bien longtemps de la reconnaissance de son nouvel ami, qui fut plus tard l'artisan de la suppression du péage corporel que devaient payer ses coreligionnaires, car à peine ce dernier avait-il pu emménager dans la ville, que le vieux prévôt s'éteignit après une longue vie au service du Roi et du bailli. Son épouse ne résista pas à la perte qu'elle venait de subir et le rejoignit un an après.

D'enfants, ils n'en eurent point, la ferme de Jérôme revint donc par testament au filleul de Rosalie, le dénommé Alphonse Schutz, cultivateur et maréchal-ferrant, qui s'y installa avec femme et enfants.

Ce prénom d'Alphonse convoqua des souvenirs dans ma tête, car le voisin de ma nonna portait le même prénom et je me plaisais, lorsque j'étais adolescent, à inventer une liaison secrète entre les deux, qui avaient perdu leurs conjoints respectifs.

Chapitre 26
L'autre Alphonse

— Alors quelles sont les nouvelles d'Alphonse ? Tu l'as vu récemment ?

Mes questions narquoises et provocatrices s'adressaient à ma nonna qui, patiemment, me répondait :

— Laisse-moi tranquille avec ces bêtises, Alphonse est notre voisin qui me rend de temps en temps des services et cela me suffit !

— Allons, allons, vous pourriez aller à la messe ensemble, tu pourrais lui préparer de bons repas et lui, te faire le jardin…

Elle répondait invariablement, non sans malice :

— À mon âge, crois-tu vraiment que je veuille encore m'encombrer de quelqu'un ? J'ai assez d'occupations, à commencer par m'occuper de mes petits-enfants… J'arrive très bien à cultiver mon jardin toute seule !

Certains sujets ne pouvaient être évoqués en présence de notre nonna. Sa vie intime restait, pour nous, un véritable mystère. Étant devenue veuve à soixante-dix ans, sa vie amoureuse semblait s'être arrêtée après le décès de mon grand-père. Le terme « vie amoureuse » pour qualifier la relation de mes grands-parents ne semblait d'ailleurs pas approprié. Cette vie de couple, passée avec un homme plus âgé qu'elle ne ressemblait pas franchement à celle de Cupidon et Psyché. Lorsque je m'aventurais sur cette pente savonneuse, en demandant à ma nonna si elle avait aimé mon grand-père, elle me disait énigmatiquement :

— Il m'a toujours respectée et soutenue !

Et un ange passait…

Il n'était jamais vraiment question de sentiments. L'amour ne semblait pas s'être immiscé dans cette vie à deux, rude et difficile qui avait tout de même permis de donner naissance à plusieurs enfants. Peut-être n'était-ce que le poids de la tradition, des convenances sociales. Du mariage devait sortir des héritiers, mâles si possible, s'il y en avait plusieurs on en donnait un à Dieu en le faisant curé, quant aux filles, elles aidaient le foyer avant de le délester de la charge qu'elles représentaient, rapidement, souvent avant leur majorité, en s'emmurant elles aussi dans le mariage. Il en était ainsi depuis des siècles.

Toutefois, je n'étais certainement pas le mieux placé pour faire ces constats. Je n'avais connu mon grand-père que pendant dix ans, et encore, réellement les trois dernières années, puisque durant ma petite enfance, on ne peut pas franchement dire que j'étais expert en relations sociales. Mon grand-père appréciait les cartes, la belotte, les cigarillos et le schnaps. Ma grand-mère gérait le foyer et les maigres finances que rapportait son facteur de mari, cultivateur à ses heures perdues. Elle avait toujours le dernier mot malgré le caractère un peu bourru et râleur d'Aloyse, qui finissait toujours par se ranger à son avis. Lorsque je demandais à ce dernier un peu de monnaie pour m'acheter quelques friandises dans le bar-tabac à côté de la ferme, la même scène se jouait irrémédiablement entre nous.

Il m'envoyait en dialecte une bonne volée de bois vert :

— Qu'est-ce que tu veux encore, petit chenapan ? Vas-tu nous manger toutes nos économies avec tes chewing-gums ?

Je faisais mine alors de repartir, très affecté par ce refus injustifié, en traînant les pieds, tout en sachant que quelques secondes après, mon grand-père me hélerait :

— Allez, reviens. Tiens et ne va pas te rendre malade avec ces produits américains !

Longtemps, le souvenir de mon grand-père était accroché dans la *stub et* trônait à présent au-dessus du lit d'hôpital de notre Marie. Il se résumait en une médaille française, la croix du combattant, dans un grand cadre qui, tel un diplôme de civisme, rappelait les faits d'armes de notre patriarche. Pendant de nombreuses années, il s'était obstiné à ne pas évoquer cette période douloureuse de sa vie. Notre nonna n'encourageait d'ailleurs pas aux confidences. Mais c'était sans compter avec l'opiniâtreté de son petit-fils. Marie m'appelait la scie, qualificatif visant une personne particulièrement obstinée et persévérante, insistant jusqu'à ce qu'elle obtienne gain de cause, un peu comme cet outil qui, lorsque l'entaille dans le bois est faite, y reste résolument jusqu'à ce que la coupe soit réalisée.

Un soir, dans la chambre à coucher dans la maison de Marie, à côté du vieux poêle qui ronflait, Aloyse sortit de son armoire, d'un tiroir intérieur où il rangeait habituellement ses papiers domestiques, un vieux carnet de notes fatigué. La couverture en cuir noir était tout usée, élimée par les nombreuses années qui venaient de passer, en attendant patiemment que quelqu'un l'ouvre à nouveau. Les pages étaient jaunâtres un peu comme les doigts d'un grand fumeur et il en émanait une faible odeur de naphtaline. Nous découvrîmes une trentaine de pages griffonnées au crayon sur lesquelles courait une écriture régulière penchée vers la droite, en allemand, seule langue que mon grand-père maîtrisait. Il ouvrit le livre et démarra sa lecture.

Chapitre 27
Aloyse s'en va en guerre

— J'avais vingt-six ans lorsque l'armée allemande fit appel à moi comme à plus de trois millions d'autres jeunes gens âgés de vingt à quarante-cinq ans. On m'intégra dans le cent trente-sixième Régiment d'Infanterie du quinzième corps de la septième armée stationnée autour de Strasbourg. Celle-ci était chargée, avec la sixième armée, de défendre notre *Land Elsass-Lothringen.* Le régiment se rendit le 15 août 1914 au sud de Sarrebourg, par le col de Saverne, dans une petite commune, Walscheid, pour faire face à l'armée française qui venait d'envahir la Lorraine en passant par le Donon, l'un des sommets vosgiens situés entre l'Alsace et la Moselle. Nous étions arrivés très tôt à pied dans un petit village entouré de montagnes couvertes de forêts. Il était situé à quinze kilomètres au sud de Sarrebourg. Une brume de chaleur voilait le village endormi. Les troupes françaises avaient pris position sur les hauteurs à l'ouest de Walscheid et à Saint Léon, un petit hameau dépendant de la commune. Leurs uniformes étaient très voyants, les pantalons rouges garance et leurs capotes bleu horizon fermées par deux rangées de boutons ressemblaient plus à des tenues d'apparat qu'à des uniformes de combat. Nous avions installé notre bivouac à l'est dans les bois situés au-dessus du village. Pendant toute la journée du 18 août, nous avions consolidé les tranchées et les abris que nos camarades du génie nous avaient préparés. Nous ne pouvions fermer l'œil. Nous savions que les combats commenceraient le lendemain. La nuit était magnifique, la lune commençait à se dévoiler, il faisait lourd, les arbres restaient immobiles comme accablés par la chaleur. Nous avions eu droit à une boîte de sardines avec un peu de schnaps. Je me suis couché au fond de l'un des abris creusés dans les sous-bois. J'écoutais tous les bruits qui montaient du village, des aboiements de chiens, quelques meuglements de vaches égarées, un cheval qui hennissait. Nous entendions les conversations sourdes venant du camp français. L'odeur de mousse humide et de racines avait imprégné mon uniforme vert-de-gris. J'espérais que mon frère Ernest, qui avait quitté l'Alsace au moment de la mobilisation, ne se retrouverait pas en face.

Profitant de ce moment unique et de la volubilité soudaine de mon grand-père, qui d'habitude n'était jamais bavard, je poursuivis mon interrogatoire :

— Étiez-vous entraînés pour vous battre au corps à corps et pour tirer ?

Sans me répondre directement, il tourna quelques pages en arrière et lut :

— J'ai fait mes classes à Metz. Nous avions appris à tirer avec les Mauser modèles 1889 sans fumée et à marcher avec vingt-sept kilos sur le dos, vêtus de nos tenues de combat avec nos casques à pointe en cuir bouilli. Chaussés de bottes en cuir noir, nous arrivions à peu près intacts au bout de nos longues marches, mais beaucoup d'entre nous souffraient d'ampoules. Les Mauser fournis avec une épée-baïonnette tiraient à la cadence de cinq cartouches dans le magasin. Ils étaient plus précis que le Lebel français à cause de leur faible taux de recul. Nous nous sommes entraînés sur des cibles, mais en dehors des poulets et des cochons, je n'avais jamais tué d'êtres vivants. Le temps semblait suspendu, comme avant un orage lorsque les oiseaux cessent de chanter, nous ne comprenions pas vraiment ce que nous faisions dans cette vallée. Les premières lueurs du jour nous tirèrent de notre torpeur. Soudain, un concert d'obusiers lourds et légers déchira ce calme matinal.

Il provoqua une réaction immédiate des canons de campagne français Puteaux de 75 millimètres. Les échanges d'artillerie furent atroces, d'abord pour nos oreilles, qui bourdonnaient, nous n'entendions plus les ordres. En quelques minutes ce paisible vallon s'était transformé en enfer. La poussière soulevée par les impacts d'obus avait assombri le ciel. Nous avions l'impression que le soleil avait brusquement été effacé. L'air pur que nous respirions quelques instants encore avant que ne se déclenchent les hostilités était saturé par l'odeur de poudre, de chair brûlée, mêlée à celle de la terre que le sang des soldats avait rougie.

Il se tut soudainement, avala sa salive pour maîtriser son émotion, et continua :

— Nous restions terrés comme des rats, ahuris devant le spectacle des projectiles qui pleuvaient sur nous. Ils explosaient et déchiquetaient, au hasard, des corps d'hommes, ou de chevaux, les arbres qui nous environnaient. Les cadavres et des bouts de membres arrachés aux hommes embusqués s'amoncelaient. Le paysage bucolique du début de journée était devenu, maintenant, un champ informe où des moignons d'arbres pointaient vers le ciel, en laissant échapper des volutes de fumée noire et âcre, comme une incantation pour que cette horreur cesse.

Deux bataillons français nous tombèrent dessus. L'une de nos batteries, qui venait de s'installer dans les hauteurs de Walscheid, fut détruite. Nos généraux envoyèrent nos Fokker pour bombarder les lignes françaises. En début d'après-midi, un bataillon français réussit à prendre notre position, mais ses compagnies furent fauchées par nos redoutables mitrailleuses que nous avions camouflées. Un deuxième bataillon français fut envoyé sur notre flanc droit, pour détruire notre batterie de mitrailleuses. Il se heurta à nos tranchées, devant lesquelles des combats au corps à corps s'engagèrent.

Mon grand-père regarda dans le vide, ses yeux s'humidifièrent, on avait l'impression qu'il revivait la scène. Je vis à ma grande surprise, et pour la première fois, des larmes couler sur ses joues. Il se ressaisit et continua :

— J'ai… j'ai tué un homme… pour la première fois… On m'avait dit de ne pas regarder dans les yeux… mais… je n'ai pas pu m'en empêcher… Il était plus jeune que moi… c'était… peut-être un cultivateur avec une femme et des enfants, je ne sais pas… J'ai pris ma baïonnette et… je… je l'ai enfoncée dans sa gorge…. Un flot de sang rouge vif et chaud m'éclaboussa et souilla les manches de ma vareuse. J'avais beau me dire que c'était lui ou moi, j'ai bien senti que mon action n'était pas chrétienne… Je repense constamment à la vie qu'il aurait pu avoir… et je la lui ai enlevée. (…).

Il marqua une longue pause. Nous étions suspendus à ses lèvres, prêts à entendre la suite. Il reprit :

— Les combats étaient de plus en plus violents et nous avaient contraints de quitter nos positions, immédiatement occupées par nos adversaires. Nous nous réfugiâmes vers les villages voisins de Haarsberg et Hommert et attendîmes la tombée de la nuit. Lorsque l'obscurité s'empara du vallon, deux compagnies ennemies se portèrent sur notre première ligne. Nos Mauser les accueillirent. Les deux capitaines français, ayant dirigé l'assaut, furent tués. Nous devions à tout prix tenir nos positions, car nous maîtrisions la rencontre des routes qui conduisaient vers Phalsbourg. L'artillerie nous appuya pendant une bonne partie de la nuit. Nous attendions des renforts et j'espérais être relevé. Je n'osais plus bouger ni tirer avec mon fusil. Ma baïonnette… je l'avais laissée dans les tranchées. J'étais tétanisé, car j'avais l'impression que derrière chaque soldat français, se cachait mon frère Ernest, qui s'était enfui pour servir dans l'armée française.

Dans la nuit, une centaine d'hommes vinrent renforcer nos rangs. Malheureusement, compte tenu du nombre de tués, aucune relève ne fut assurée. Vers quatre heures du matin, l'une de nos réserves de munitions, laissée dans une maison du village de Walscheid, fut frappée par un obus de l'artillerie française. D'interminables détonations s'ensuivirent jusqu'au lever du jour.

Un soleil sombre peinait à se lever, colorant l'horizon, bouché par les brumes matinales qui se dissipaient lentement en lambeaux rouge sang, ce sang qui coulait pour le deuxième jour déjà, sans que quiconque n'éprouvât l'envie de le voir arrêter de couler.

— Aviez-vous eu beaucoup de pertes ? lui demandai-je.

Sans me répondre, il continua :

— Dès le matin, la fusillade recommença, très vive. L'un de mes camarades ajusta son Mauser et réussit à toucher en plein cœur un officier français qui commandait un bataillon. Brusquement, nous essuyâmes de terribles tirs d'artillerie provenant d'un obusier situé en hauteur dans les bois, à environ huit cents mètres. Autour de nous c'était l'hécatombe, les camarades tombaient comme des mouches, par dizaines, très rapidement. Les officiers nous faisaient avancer à coups de sabre, car nous devions nous exposer au feu pour relancer une offensive sur l'extrême gauche du flanc français, qui s'était ouvert. Mais deux batteries françaises, placées au sommet de la ligne La Valette-Saint-Léon, nous stoppèrent un moment. Supérieurs en nombre, nous poursuivîmes notre avancée qui nous permit d'occuper la lisière des bois autour de la crête de Saint-Léon. Nous essuyâmes encore une fusillade intense, la résistance des Français nous surprit. Mais bientôt, leur position devint intenable, et à midi, l'ordre du repli fut donné du côté français. Les premières divisions ennemies quittèrent la crête, appuyées par leur artillerie. Nos obus réussirent à atteindre les colonnes qui descendaient les pentes de Saint-Léon. Le sixième Régiment français disparut vers Lettenbach et Alberschweiler.

Les pièces d'artillerie des ennemis avaient été déclavetées et emportées. Cependant, plusieurs bataillons de chasseurs, avec de nombreuses mitrailleuses, restèrent en soutien pour assurer leur retraite. Nous en profitâmes pour lancer un assaut avec tout notre corps d'armée. Un régiment resté au col de Saint-Léon nous opposa une incroyable résistance pendant plus de six heures de combats acharnés. Les pertes furent très lourdes.

Un formidable tir d'obus provenant d'une batterie d'artillerie française éloignée détruisit l'une de nos batteries en blessant de nombreux soldats. En fin de journée, nous faisions face à trois bataillons du cinquième Régiment d'infanterie coloniale et un groupe d'artillerie occupant le front Vallerysthal-St-Léon.

Le crépuscule tomba pour la deuxième fois sur ce théâtre dantesque où ne cessaient de crépiter les mitrailleuses de part et d'autre.

Mon voisin de bivouac, atteint par trois projectiles pendant l'assaut, certainement des éclats d'obus ou des balles de shrapnel, dut être évacué vers notre hôpital militaire établi dans l'école de Walscheid. Il était en mauvais état, son avant-bras semblait fracturé et il avait des plaies béantes au ventre. Il était blanc comme un linge, ses yeux excavés et son pouls quasi inexistant lui donnaient l'apparence d'un mort-vivant.

Pendant la nuit, nous n'étions pas parvenus à reprendre l'éperon de Saint Léon, les forces françaises engagées ayant lancé, sur nos lignes, une contre-attaque à la baïonnette. Vers trois heures du matin, je fus surpris pendant mon tour de garde, par des soldats français qui s'étaient glissés derrière nos lignes en profitant de la couverture orageuse qui voilait le ciel. Je n'ai opposé aucune résistance et ne souhaitais qu'une seule chose, que cette boucherie cesse, m'éloigner le plus vite possible de cet endroit où rôdait la mort derrière chaque arbre, chaque rocher, derrière chaque buisson.

Les soldats français me tenaient en joue avec leurs fusils et je levai immédiatement les mains en laissant tomber mon Mauser ; cinq autres compagnons en firent autant. Nous étions les seuls à occuper l'abri de fortune qui nous protégeait des balles et des éclats d'obus. Ils nous rassemblèrent discrètement et nous emmenèrent derrière leurs lignes où nous dûmes attendre accroupis, les mains sur la tête jusqu'au lever du jour.

Nous partîmes vers La Valette, au nord de Sarrebourg, avec tout le bataillon, sous bonne escorte, rejoindre le quatre-vingt-dix-huitième Régiment d'Infanterie. Nous étions le 21 août 1914, la bataille de Walscheid s'achevait une journée après pour faire près de huit cents morts et mille deux cents blessés. Nous quittions un vallon aux allures de cimetière ouvert aux quatre vents, avec les trous béants creusés par les obus tombés par milliers. On pouvait entendre les gémissements des blessés happés dans la fleur de l'âge, mutilés, enchevêtrés pour certains avec ceux qui ne parleraient plus jamais.

J'avais participé sous l'uniforme allemand à l'une des premières batailles des frontières de la Grande Guerre, cette guerre que l'on ne comprenait pas. Lors de cette bataille, plus de deux mille soldats y avaient perdu la vie, des membres, des morceaux de visage, la vue, leur humanité, leur foi. J'avais vu une population terrorisée et terrée dans les caves. Des cochons divaguaient, mangeant la chair des morts, avant qu'ils ne soient eux-mêmes abattus et dévorés à leur tour. Des soldats mutilés, des gueules cassées, des jambes et des bras arrachés, des ventres ouverts ne retenant plus les viscères qui pendaient, des yeux crevés. Et moi, Aloyse, cultivateur et facteur de Kilstett, j'étais entier, mon corps intact sur mes deux jambes avec mes deux bras, mes deux mains, mes yeux pour pleurer. J'avais survécu comme on survit à un naufrage. Ma peau, sauvée des impacts de balles et des éclats d'obus, sentait la sueur, la terre, l'humidité. Je pouvais respirer, expirer, mon cœur battait dans ma poitrine, plus vite, de nombreux morts gisaient autour de moi, j'avais sous les yeux un spectacle insoutenable de casques, képis, gamelles, chaussures, fusils, baïonnettes et corps éparpillés sur le sol, mes oreilles ne me donnaient à entendre que des acouphènes qui, de nombreuses semaines encore après la bataille, m'empêchaient d'entendre le chant des oiseaux.

Lorsque je ferme les yeux après toutes ces années, je sens encore en moi cette odeur de mort qui rôde, âcre et fétide, aux relents d'œufs pourris, de viande macérée. Elle me suit jusque dans mon sommeil, s'infiltre en moi, me réveille en sueur. Puis quelqu'un me tire l'oreille en me chuchotant : je te rattraperai !

Après cette longue lecture, mon grand-père referma son carnet de notes et se mura dans un silence lourd et pesant que nous n'osions interrompre, fixant son regard vers un monde auquel nous n'avions pas accès. Nous étions bouleversés et surpris par le talent littéraire de notre aïeul, lui qui parlait avec parcimonie et n'écrivait qu'exceptionnellement. Je regrettais intérieurement d'avoir tant insisté, poussé par ma curiosité et mon besoin de savoir. Nous venions de rouvrir des plaies qui ne s'étaient jamais vraiment cicatrisées et seule notre jeunesse insouciante permettait d'atténuer un peu le sentiment de culpabilité que nous avions ressenti, lorsqu'une semaine après cette lecture, il nous quittait, faisant de Marie une veuve de plus dans son village.

Puisque j'avais osé ouvrir la partie la plus douloureuse du livre de la vie de mon grand-père, l'immeuble griot me rappela le débat que nous avions eu sur les causes congénitales de la Grande Guerre de nombreuses années plus tard, ma nonna, son neveu Antoine, et moi.

Chapitre 28
Sarajevo

Marie adorait Antoine. Elle arrivait toujours à le nourrir de plats et de gâteaux qui apparaissaient comme par magie, quels que soient l'heure et le jour de ses visites, souvent impromptues. C'était un miraculé. Antoine avait survécu à l'une des pires batailles de la Seconde Guerre mondiale : la bataille de Stalingrad qu'il avait dû livrer, lui aussi, sous l'uniforme allemand. La technique nazie était imparable. Les Alsaciens étaient allemands, nous devions combattre avec nos frères germaniques, à défaut toute la famille pouvait être déportée. Efficace, pragmatique ! Antoine fut fait prisonnier par les Russes qui ne distinguaient pas les Alsaciens des Allemands et l'enfermèrent dans le terrible camp de Tambov. Ce camp spécial numéro 188, situé à à quinze kilomètres de Tambov et cinq kilomètres de la gare de Rada sur la ligne Moscou-Saratov, aura accueilli plus de 11 000 prisonniers vivant dans des conditions déplorables : parfois sans chaussures, sans chauffage, la température pouvant descendre à moins 42 degrés, avec très peu de nourriture, les portions pouvaient être inférieures à celles distribuées dans le camp d'Auschwitz poussant certains détenus, tiraillés par la faim, à commettre des actes de cannibalisme. Antoine y perdit ses doigts de pieds qui, gelés, restèrent en Russie. En échange, il revint avec une foi inébranlable dans le Christ et rejoignit les pères oblats.

Il développa de nombreux talents, celui de peintre, de professeur de français, de dessin et d'histoire géographie. Je dois reconnaître que j'appréciais beaucoup ce drôle d'oiseau qui venait parfois se poser au gré du vent, quelques heures, au mieux quelques jours, chez son frère (l'un de nos voisins et autre neveu de Marie) puis repartait tout d'un coup comme poussé par un irrépressible besoin de bouger.

Il m'avait appris à dessiner les chevaux que je m'obstinais à colorier en rouge lorsque j'étais à la maternelle, car je partageais avec lui une tare familiale : j'étais comme tous les mâles de la famille : daltonien ! Quel meilleur exemple pouvait-il nous donner, lui, un autre daltonien, en devenant peintre et professeur de dessin ? Persévérance, refus du déterminisme naturel, force de la volonté. Merci mon cher Antoine ! C'était aussi un homme très cultivé qui, pendant les congés scolaires, faisait le tour des missions en Afrique pour peindre les vitraux des églises. Il maîtrisait aussi bien la grande Histoire que celle de notre province et avait d'ailleurs publié un ouvrage sur les dernières poches de résistance de la Seconde Guerre parmi lesquelles celle qui concernait le village de l'immeuble griot.

Un soir d'été, lors de l'un de ses passages, nous avions ouvert en grand toutes les fenêtres pour faire entrer un peu de fraîcheur. J'avais lu un livre sur l'attentat de Sarajevo et voulus étaler ma science.

— Saviez-vous que l'attentat de Sarajevo le 28 juin 1914 a provoqué la Première Guerre mondiale ?

Pour essayer de capter l'attention de ma chère Marie et du père Antoine qui faisait l'inventaire des membres de la famille et de leur santé, je me lançai dans une véritable logorrhée de thésard pour leur montrer l'immense étendue de mon savoir.

— Lorsqu'on s'intéresse au déroulement de cette journée, on a l'impression que tout a été fait pour favoriser l'attentat : les circonstances, les mauvais choix des protagonistes se sont multipliés. Regardez par exemple la date de la visite, le 28 juin 1914 ! Les Serbes orthodoxes ont considéré ce choix comme une véritable provocation.

— Et pourquoi ? me demanda Marie.

Je m'empressai de lui répondre ravi de restituer ce que j'avais lu, espérant secrètement ne pas être interrompu par Antoine qui en savait beaucoup plus long que moi sur ce dossier :

— Elle symbolisait plusieurs dates anniversaires.

D'abord celle du *Vidovdan,* la Saint-Guy, une grande fête religieuse et la fête nationale serbe, fixée au 28 juin.

— Mais la Saint-Guy est fixée normalement au 12 juin, répliqua Marie qui en matière de Saints y connaissait un rayon.

— Oui, je confirme, rajouta Antoine.

— L'Église orthodoxe serbe utilise le calendrier julien et non le grégorien. La fête tombe donc le 28 juin, répondis-je sur un ton professoral, très satisfait de mon effet, en poursuivant :

— C'est aussi la date de commémoration de l'entrée en résistance du peuple serbe qui, en juin 1389, fut annexé à l'Empire ottoman. L'Autriche-Hongrie occupait la Bosnie-Herzégovine depuis 1878 qui finit par l'annexer en 1908. Enfin le 28 juin 1914 coïncidait à la date anniversaire du mariage du couple princier, François Ferdinand de Habsbourg et Sophie Chotek, la duchesse de Hohenberg. Cette dernière était issue de la noblesse tchèque, d'une lignée inférieure à celle des Habsbourg. Un mariage morganatique avait été célébré quatorze ans avant, et Sophie menait une vie retirée à Vienne, on la cachait au public. Pour François-Ferdinand, cette visite devait permettre à son épouse d'apparaître officiellement et publiquement. Il tenait à lui accorder les honneurs que Vienne refusait à son épouse.

— C'est quoi un mariage morganatique, me demanda Marie ?

— C'est un peu comme si ton mari Aloyse avait été roi ou prince héritier et toi une vulgaire servante ou du moins une princesse issue d'une famille qui n'a jamais régné. Le couple est inégal de par ses origines et les enfants ne pourront jamais régner, lui répondis-je, en fanfaronnant.

— C'est très intéressant ce que tu dis là, Victor, mais les incongruités de cette visite ne se sont pas arrêtées au choix de sa date.

Antoine, n'y tenant plus, finit par intervenir et compléta mon exposé en évoquant le premier attentat manqué perpétré par le jeune activiste, Gavrilo Princip, puis le deuxième que le même étudiant, opportuniste, avait réussi.

Et, m'ayant volé la vedette, il rajouta :

— Les suites de cet attentat nous ont conduits irrémédiablement à la guerre. L'Autriche-Hongrie adressa, avec l'accord de l'Allemagne, un ultimatum à la Serbie intenable. L'un des points visait l'ouverture d'une enquête judiciaire avec la participation des organes délégués par le Gouvernement austro-hongrois. S'ensuivit une mobilisation générale en Serbie et par le jeu des alliances, en Russie. La France, liée par un accord militaire avec la Russie, mobilisa aussi, une partie de l'opinion française étant convaincue que la guerre était souhaitée par l'Allemagne qui avait rejoint son allié autrichien. Enfin, la Cordiale Entente, signée avec les Britanniques, conduisit ces derniers à se rallier aux Français et aux Russes.

Il conclut :

— Et voilà comment par le jeu des alliances et un attentat nous avons provoqué l'une des pires guerres que l'Europe ait connue.

Marie avait patiemment écouté notre échange, qui aurait certainement ennuyé un amphithéâtre complet d'étudiants. Elle enchaîna en m'interrogeant :

— Dans ton livre, est-ce qu'ils ont parlé de la poudrière des Balkans ?

— Oui, bien sûr, ce sont les guerres en Yougoslavie. Mon ton péremptoire trahissait les connaissances approximatives que je possédais en réalité sur ce sujet, car j'ignorais, à l'époque, les liens réels entre ces conflits et celui de la Première Guerre mondiale.

Antoine et moi eûmes droit, à notre tour, à un véritable cours d'histoire aussi inattendu que surprenant venant de ma grand-mère, femme au foyer, pieuse et dévouée, parée pour tout diplôme d'un certificat d'études.

Antoine opinait, admiratif, comme moi, de cette culture insoupçonnée que Marie n'étalait jamais. Elle termina :

— Tu vois, je ne prétends pas être une spécialiste, mais je ne suis pas certaine que l'attentat de Sarajevo ait été la cause de la Première Guerre, tout au plus une étincelle, les grandes puissances voulaient faire la guerre et s'y étaient préparées et la situation des Balkans était explosive.

Je restai interdit, surpris, bluffé et un peu perplexe après cet exposé. J'osai une question.

— Mais comment as-tu pu réunir ces informations ? Je ne t'ai pas vu lire de livres d'histoire ou regarder des reportages sur la question ?

En principe, Marie aurait dû me moucher en m'expliquant que je n'étais pas vingt-quatre heures sur vingt-quatre chez elle ou qu'elle avait vécu soixante ans sans moi ou encore qu'elle ne me tenait pas un rapport précis de ses lectures (je constatai souvent que ces dernières portaient sur la religion ou les romans allemands populaires se rapprochant des romans picaresques).

— Mon cher, je n'ai aucun mérite. Rappelle-toi la jeune Serbe que nous avons hébergée pendant quelques jours en 1990 : Ivana. Elle enseignait l'histoire dans son pays et nous avions beaucoup échangé… même sur des sujets moins religieux, ajouta-t-elle avec un clin d'œil complice adressé à Antoine.

Cette leçon ne lui valut pas un fromage, mais m'apprit à ne pas sous-estimer mes interlocuteurs, quels que soient leur origine ou leur niveau d'études.

Le souvenir de cet échange accrut encore davantage ma peur de perdre ma chère Marie, toujours comateuse et sans réaction dans son lit de souffrance. L'immeuble griot revint à ma rescousse en me faisant voyager dans le temps pour me raconter deux épisodes remarquables qu'il avait vécus alors qu'Alphonse Schutz, le filleul de Rosalie, était son propriétaire avec son épouse Emeline.

Chapitre 29
Un illustre fer à cheval

— Votre baeckeoffe est délicieux, dit le jeune homme à la femme d'Alphonse, la nouvelle propriétaire de l'immeuble griot.

— Vous en reprenez un peu ? demanda la cuisinière tout en versant, d'autorité, une louche pleine de pommes de terre, de carottes, avec de petits morceaux de viande de bœuf.

— Je vais exploser, ce n'est pas raisonnable !

Le jeune homme ne put contenir sa gourmandise et vida sa troisième assiette avec le même empressement qu'il avait eu pour engloutir le contenu des deux précédentes.

— Le fer de mon cheval doit être remplacé à présent. C'est avec beaucoup de regret que je vais devoir quitter une aussi bonne table. Vous devriez ouvrir une auberge, chère Madame.

Emeline rougit un peu et dit au jeune cavalier :

— Au moins vous n'aurez pas faim jusqu'à Sessenheim. Le chemin est encore long, vous savez.

— Je le connais bien, je l'ai déjà fait à plusieurs reprises. Parfois je m'arrête à Drusenheim pour passer la nuit, répondit l'invité. Je rejoins ma fiancée, l'une des filles du pasteur Brion de Sessenheim. Elle s'appelle Frédérique. Je suis chanceux aujourd'hui d'être tombé sur votre mari qui sait ferrer les chevaux et sur votre succulent baeckeoffe.

Le jeune homme expliqua ensuite qu'il étudiait le droit à Strasbourg et venait de Frankfort. Bien qu'allemand, il maîtrisait à la perfection la langue française et semblait issu d'une très bonne famille. Son père, conseiller de la ville de Frankfort, l'avait envoyé à Strasbourg, car la tradition allemande voulait que les enfants de bonne famille étudient au moins dans deux universités différentes. Il expliqua qu'avoir été gravement malade pendant un an, son choix s'était porté vers une université française pas trop éloignée de Frankfort. La ligne de diligence Frankfort-Bâle inaugurée en 1750, passant par Strasbourg, convainquit le jeune Johann Wolfgang et sa famille de passer sa thèse en droit dans la capitale alsacienne. L'université jouissait par ailleurs d'une excellente réputation, car d'éminents juristes et professeurs y officiaient. Le jeune homme citait l'auteur de *l'Alsatia ilustrata*, Schöpflin et ses assistants, Oberlin et Koch, ainsi que le professeur de droit privé Saltzmann. Il précisait qu'il logeait à Strasbourg à l'Hôtel de l'Esprit et prenait ses repas chez les demoiselles Lauth. Très volubile, il continua en indiquant qu'il y avait rencontré Herder, un philosophe allemand de cinq ans son aîné, qui était en train de rédiger un ouvrage sur l'origine des langues.

Cette rencontre semblait très importante pour le jeune homme. Il précisa que grâce à ce Herder, il connaissait à présent de grands poètes comme Ossian ou Shakespeare. Il s'était aussi familiarisé au folklore allemand et surtout à la beauté gothique de la belle cathédrale de Strasbourg.

Emeline, n'ayant pas fait d'études, ne connaissait aucune des personnes citées. Elle ne faisait pas partie du même monde, mais pensait en son for intérieur que cette Frédérique Brion avait beaucoup de chance de faire courir un jeune homme aussi beau et cultivé.

Elle se dit qu'à sa place elle ne laisserait pas cette amourette en rester au stade de la séduction. Certes, elle faisait battre les cœurs, languir les amoureux transis, mais n'apportait aucune perspective d'avenir aux femmes qui se faisaient souvent piéger par les beaux parleurs. Elle ferait tout pour se faire passer la bague au doigt. Elle lui demanda en le fixant droit dans les yeux :

— Mais jeune homme, si vous êtes si impatient de voir votre fiancée, pourquoi ne la demandez-vous pas en mariage, vous la verriez tous les jours et vous habiteriez ensemble ?

Cette question directe, de bon sens, gêna l'amoureux qui n'était pas du tout préparé à l'entendre, encore moins à y répondre. Il était encore dans la phase passionnelle de la relation, l'attirance, les échanges de sourires et de regards, les conversations dans la campagne lors de longues promenades à deux, quelques timides contacts physiques, l'effleurement furtif des doigts, une main sur l'épaule pour mieux voir l'envol d'un cygne. Il exécutait autour de sa belle la danse de séduction où tout était encore possible, cette relation l'inspirait énormément, il venait d'ailleurs de rédiger un poème qui évoquait une rose dans un champ. Et puis ils n'étaient pas du même milieu. Que dirait son père ? Cette perspective n'avait pas encore été envisagée. Il aimait ce doux désordre des sentiments qui faisait douter et espérer, mais ne voulait en aucun cas se diriger vers l'irréversible qui serait immanquablement sanctionné par sa famille. Il esquiva la question et répondit à la cuisinière :

— Oh ! vous savez, Madame, je suis encore jeune et dois d'abord terminer mes études.

Il prit congé aimablement, en renouvelant ses remerciements, et laissa le fer usé de son cheval, qu'Alphonse cloua sur la poutre de la façade de sa maison. Ce dernier demanda à sa femme.

— Comment s'appelle ce jeune bourgeois ?

— Johann Wolfgang von Goethe, je crois.

Eh oui, l'immeuble griot avait accueilli l'un des plus grands poètes du XVIIIe siècle. Je n'en revenais pas ! Mais je n'étais pas encore au bout de mes surprises lorsque l'histoire suivante me fut narrée.

Chapitre 30
Alphonse résiste à Saint-Just et à Lebas

Cet épisode concernait plus particulièrement les années de la Révolution française qui s'était invitée en Alsace. Le temps n'était plus à l'accueil des étrangers de passage, comme Alphonse et Emeline l'avaient fait plus d'une dizaine d'années auparavant.

Alphonse, comme de nombreux autres de ses compatriotes, vécut cette période d'abord avec un certain enthousiasme. Mais les choses changèrent à partir des mesures de rétorsion contre l'Église. En 1790, une écrasante majorité de prêtres refusèrent de prêter serment à la Constitution civile du clergé. Toute la population, quelle que soit la religion de ses membres, put élire les évêques et les curés. Dans une province où cohabitaient protestants, juifs et catholiques, cela posa naturellement des problèmes, les rares prêtres assermentés non élus, faute de candidats, furent nommés pour des raisons linguistiques : Allemands et Autrichiens, un comble lorsqu'on sait que le pays était en guerre contre la Prusse et l'Autriche en 1792.

Cela n'empêcha pas l'Alsace de fournir à l'armée française des hommes qui s'illustrèrent rapidement, comme Kleber et Kellermann. Ce dernier remporta la bataille de Valmy et inspira un capitaine du génie franc-comtois, Rouget De Lisle qui, pour célébrer cette brillante victoire, composa à Strasbourg, dans les salons de la mairie, en présence du premier magistrat de la ville, le chant de guerre de l'Armée du Rhin, notre « Marseillaise ».

Mais la radicalisation des mesures prises par les deux commissaires de la Convention, Saint-Just et Lebas, venus tout spécialement de Paris en octobre 1793 pour instaurer la Terreur, provoqua une forte hostilité de la population. De nombreuses mesures furent prises pour rééquiper l'Armée du Rhin qui s'était repliée à Strasbourg, après avoir perdu la ligne de Wissembourg, au nord de l'Alsace, contre les impériaux. On rasa ainsi toutes les maisons situées à l'extérieur des enceintes de la ville dans un rayon de cinq cents mètres. Un emprunt forcé de neuf millions de livres fut imposé, d'abord aux Strasbourgeois, ensuite à tous les Alsaciens. Une loi sur les suspects remplit les prisons de la ville tant et si bien qu'il fut envisagé de supprimer une bonne partie des détenus, faute de nourriture. Des banquiers, agents de change et notaires furent arrêtés, car ils détenaient du numéraire et avaient des relations avec des étrangers. Les usuriers et agioteurs partagèrent le même sort. Il fut décrété que toutes les sommes séquestrées constituaient des prêts au profit de la Nation. Les révolutionnaires lancèrent ensuite toute une série de réquisitions en nature, manteaux, souliers, objet en zinc, en cuivre, couvertures, vins, animaux furent pris aux Alsaciens pour vêtir, nourrir l'Armée du Rhin. Les hommes, les chevaux et les bœufs, dans les campagnes, devaient être à la disposition des agents militaires.

La propagande révolutionnaire s'installa dans l'Est, et sonna le glas du culte catholique. L'asile donné à des prêtres non assermentés était fortement réprimé et conduisit même l'ancien maire de Geispolsheim à l'échafaud. On imposa la disparition de tous les monuments symbolisant la royauté et les anciennes croyances. On débaptisa le nom des rues, car ils rappelaient trop l'Ancien Régime ou la religion. À Strasbourg, la rue de la Toussaint devint la rue des Sans-Culottes, celle des Juifs, la rue des Droits de l'Homme, la rue du Temple Neuf, la rue de l'Union, le quai Saint-Nicolas, le Quai du Bonnet rouge. Les clochers furent détruits, les cloches fondues. Saint-Just et Lebas interdirent l'usage de la langue allemande dans les actes judiciaires et administratifs ainsi que sur les enseignes.

Le dialecte fut interdit, l'Administration épurée. La cathédrale de Strasbourg, devenue le Temple de la Raison, fut coiffée d'un énorme bonnet phrygien au bout de sa flèche, plus de deux cent trente-cinq statues y furent détruites. Les emprisonnements et exécutions arbitraires se multiplièrent. Même l'ancien prêtre venu d'Allemagne, Euloge Schneider, reconverti aux principes révolutionnaires et accusateur public, craint et haï par de nombreux concitoyens, fit les frais de cette politique et fut arrêté par Saint-Just et Lebas le 14 décembre 1793, pour terminer sur l'échafaud quelques mois plus tard.

On inaugura la nouvelle religion dans la cathédrale le 20 novembre 1793. À la place du maître autel, une sorte de montagne avait été créée avec des rochers. À leur pied des mitres, des crosses et des couronnes brisées. Au sommet se dressait une énorme statue portant un bonnet phrygien, représentant la Nature, encadrée par deux drapeaux tricolores. Des propagandistes se succédaient et entonnaient l'hymne à la Nature en faisant flotter des bannières proclamant que l'autel et le trône avaient asservi l'humanité et que la Raison et la Force lui avaient redonné ses droits. À la fin de cette journée mémorable, de nombreux chariots contenant de vieux titres nobiliaires, des livres religieux, des parchemins, des vêtements sacerdotaux furent brûlés. Défense fut faite aux prêtres de baptiser, de marier, de prêcher. La tenue des actes d'état civil leur fut enlevée.

Les armées autrichiennes entrèrent en Alsace du nord en 1793 et rencontrèrent un accueil plutôt favorable des Alsaciens. Mais au début du mois de décembre, l'Armée du Rhin, commandée par les généraux Hoche et Pichegru, se remit en mouvement et reconquit la ligne de Wissembourg en faisant battre en retraite les Prussiens de Brunswick et les Autrichiens de Wurmser fin décembre. De nombreux paysans, suspectés d'avoir eu des intelligences avec l'ennemi, furent arrêtés. D'autres émigrèrent en Allemagne ou s'enrôlèrent dans l'armée de Condé.

À la veille de Noël 1793, alors que le vent du nord s'engouffrait dans les rues désertes abandonnées par l'armée autrichienne, recouvertes d'une épaisse couche de neige, on frappa à la porte de l'immeuble griot légué à Alphonse par sa marraine Rosalie et son oncle Jérôme.

C'était une jeune femme très agitée, aux yeux exorbités comme si elle avait rencontré Satan lui-même. Elle portait dans ses bras un paquet et hurla :

— Alphonse, au nom de Dieu, ouvre-moi vite !

Alphonse découvrit la petite Louise, la fille de son cousin René, grelottante, accompagnée de deux personnes qu'il ne reconnut pas tout de suite. Pour faire cesser ce vacarme et ne pas s'attirer d'ennuis, il lui ouvrit la porte.

Louise, affolée, rajouta en haletant :

— Mes parents… ils ne savent pas. Nous… nous voulons nous marier et faire baptiser le petit.

Alphonse surpris, pris de court, lui répondit sèchement :

— Mais enfin, qu'est-ce que tu me veux ? Je suis pas curé ! Et d'abord, c'est qui les messieurs qui t'accompagnent ? Tu avais dit à tes parents que le père de ton enfant c'était Georges, qui actuellement guerroie !

La pauvre Louise se mit à sangloter de plus en plus bruyamment et entre deux hoquets, répondit, désespérée :

— Non, non. J'ai inventé cette histoire pour calmer mes parents… c'est lui, le père.

Elle joignit le geste à la parole en désignant l'une des deux personnes se tenant derrière elle.

De la pénombre se détacha alors un jeune homme qui, malgré une frimousse pouponne sortie à peine de l'enfance, avait déjà le physique d'un bûcheron.

Alphonse était de plus en plus décontenancé. Il lui lança :

— Hans, mais que fais-tu ici ? Tu n'es tout de même pas le… Alphonse ne termina pas sa phrase, il fixa hébété le fils du forgeron qui venait d'avoir dix-sept ans et qu'il connaissait depuis sa naissance.

Hans, honteux comme un petit garçon pris la main dans le pot de confiture, baissa confusément la tête. Il finit par dire timidement tout bas :

— Vous ne direz rien à mon père, il me tuerait.

Alphonse, de plus en plus contrarié, lâcha :

— Allez, restez pas là, vous allez m'attirer des ennuis, rentrez vous réchauffer !

Il rajouta à destination de la troisième personne qui ne s'était pas encore manifestée.

— Et celui-là qui c'est… ?

— Enfin Alphonse, tu ne me reconnais pas, c'est moi qui ai célébré ton mariage ! lui répondit le troisième visiteur.

C'était l'abbé Willmann, le dernier curé de la paroisse. Il était considéré par les autorités comme un opposant au « clergé d'État », le réfractaire qui s'était enfui et réfugié on ne sait trop où depuis plusieurs mois, à Ettenheim peut-être, chez le cardinal de Rohan, avec la noblesse émigrée.

— Eh bien, vous me mettez dans de beaux draps ! Si la milice passe, je suis bon pour l'échafaud ! dit Alphonse en essayant de contenir sa colère.

Hier encore le garde champêtre avait, à plusieurs reprises, avec de grands roulements de tambour, fait le tour du village pour prévenir les habitants du sort réservé à tous ceux qui recueilleraient les antirévolutionnaires, ceux qui n'abandonneraient pas les anciennes pratiques religieuses désormais interdites. Dans le meilleur des cas, la prison et plus sûrement la décapitation !

Un silence pesant s'installa. L'abbé Willmann finit par prendre la parole.

— Alphonse, je te connais bien, tu es un bon chrétien, tu ne peux pas renier un Dieu qui t'a toujours aimé et qui te conduira à la vie éternelle. Que propose l'Être Suprême de ce Robespierre ? Des têtes coupées, du sang, la suppression de notre calendrier, de notre dialecte, la guerre avec nos voisins. Et ton Salut. Alphonse, tu as pensé à ton Salut ?

Alphonse n'appréciait pas la tournure de cette entrevue. Il fit observer :

— Ce sont de fausses croyances. Ils nous ont dit que nous devions abandonner toutes ces superstitions. Croire aux idées de la Révolution. La liberté pour tous, la fraternité et l'égalité !

— L'égalité ? répondit l'abbé d'un air dubitatif. Dieu l'a enseignée bien avant tous ces hérétiques sanguinaires. L'égalité des révolutionnaires n'est que de la poudre aux yeux pour les incrédules. Elle a été inventée par nos nouveaux maîtres qui ont accaparé le pouvoir. Les paysans continueront toujours à travailler durement la terre et servir ces bourgeois de la Révolution. Regarde ce qu'ils t'ont pris pour faire la guerre ! Où est-elle cette égalité ? As-tu vu Robespierre avec un fusil sur un champ de bataille ?

Ces propos subversifs condamnaient leur auteur à la guillotine. Alphonse prit peur et souhaitait avant tout mettre un terme à cette discussion dangereuse pour tout le monde.

Mais l'abbé poursuivit :

— Crois-tu que tes fils se pavaneront avec des habits de bourgeois en ville dans les salons illuminés grâce à la Révolution ? Ils seront traités comme les autres ! De la chair à canon ! Alphonse, regarde la réalité en face ! Dieu est amour, il accueille tout le monde dans son royaume sans faire de différence. Heureux ceux qui croient, car la porte de l'Éternité leur est ouverte. Pas de maître, pas de culte stupide, plus de miséreux. De l'Amour, uniquement de l'Amour et la vie éternelle. Ce ne sont pas ces Saint-Just, Lebas, Danton ou Robespierre, qui peuvent promettre cela. Regarde ce qu'ils ont fait de notre pauvre roi Louis. Ces gens ne sont pas là pour nous, mais pour servir leurs propres intérêts. Dès que l'un d'entre eux ne plaît plus, on l'exécute ! Voilà qu'ils viennent d'envoyer Euloge Schneider à Paris en prison.

— Mais ils se battent aussi pour la liberté du pays, la liberté du citoyen. C'est inscrit dans leur Déclaration. Et regardez tous ces sans-culottes qui ont défendu notre pays, ils ont dit qu'ils redistribueraient les terres aux paysans, qu'ils supprimeraient nos impôts.

Alphonse essayait de porter la contradiction au curé, mais avec de moins en moins de conviction. L'abbé s'en aperçut et décida d'enfoncer le clou.

— Alphonse, tu n'es pas devenu stupide au point de croire que ces révolutionnaires qui se sont emparés du pouvoir en jetant les gens en prison, en décapitant, en interdisant la religion catholique, sont des serviteurs de la liberté et qu'ils t'offriront de la terre gratuitement. Ils ont déjà tout pris, l'argent, les vêtements, les chevaux, les bœufs. Que reste-t-il à tous ceux qui ont travaillé toute une vie de labeur pour avoir un peu de patrimoine ?

Et en le fixant droit dans les yeux, il rajouta :

— Où est ta liberté si ces messieurs la bornent avec leurs lois fabriquées uniquement pour eux et que vaudra-t-elle devant le tribunal divin ?

Puis l'abbé conclut :

— Alphonse, nous avons besoin d'un endroit tranquille pour être en sécurité. Puisque tu soutiens la Révolution, personne ne devrait venir t'embêter ?

— Mais moi je ne fais qu'obéir à la loi, je ne veux d'ennuis avec personne. Que voulez-vous faire chez moi ?

— Je veux célébrer deux sacrements de l'Église que toi-même, Alphonse, as eu la chance de recevoir : le mariage et le baptême pour que cette nouvelle famille ne vive plus dans le péché.

L'abbé se plaça en face d'Alphonse en croisant les bras et lui ordonna :

— Alphonse, prête-nous un endroit où nous pourrons accomplir ces célébrations.

Alphonse restait muet. Il hésitait. Son éducation religieuse donnait raison à l'abbé. Mais son côté légaliste penchait pour une fin de non-recevoir. Il devrait claquer purement et simplement la porte au nez de ces importuns en les priant d'aller se faire voir ailleurs. Que faire ?

Réveiller son épouse, lui demander conseil ? Aider ces tourtereaux en exposant sa famille ? Les sacrements étaient interdits depuis quelques semaines. L'asile donné à un prêtre condamné par l'échafaud. Ces risques semblaient bien grands pour satisfaire deux jeunes amoureux transis qui n'avaient pas su attendre en se donnant l'un à l'autre.

Dehors, le vent s'était renforcé, il hurla et siffla de plus belle. La neige tombait maintenant à gros flocons.

Après de longues minutes d'hésitation, Alphonse finit par dire.

— C'est bon, suivez-moi !

L'escalier craqua sous les pas des futurs mariés.

— Silence ! chuchota Alphonse, vous allez réveiller tout le quartier.

Arrivé à l'étage, Alphonse les conduisit avec le prêtre, dans une petite pièce toute sombre où il entreposait habituellement lard et viandes fumées. L'abbé accrocha alors au mur un crucifix en bois, le bénit, fit le tour de la pièce pour consacrer l'endroit et déclara solennellement :

— Voilà, ce lieu est à présent un lieu consacré, nous pouvons commencer.

Il fit agenouiller les deux tourtereaux, Alphonse prit le bébé qui, imperturbable, dormait fort opportunément à poings fermés.

Et le prêtre récita sa messe à voix basse.

Après l'échange des consentements et des alliances, le prêtre célébra le baptême, il versa quelques gouttes d'eau bénite sur le front du bébé qui ne fut nullement gêné par le liquide froid coulant sur son front et poursuivit paisiblement sa nuit.

Lorsque les deux sacrements furent célébrés, les mariés remirent leurs alliances à Alphonse, et Hans lui dit :

— Père Schutz, gardez nos alliances, nous ne pouvons pas les montrer pour le moment ni devant nos proches, ni devant le maire. Nous reviendrons les chercher quand les affaires seront plus calmes.

Alphonse prit les alliances et les fixa derrière le crucifix posé par le curé sur le mur. La cérémonie n'avait duré que vingt minutes, les visiteurs semblaient satisfaits et heureux.

Ils s'éclipsèrent dans la nuit, emportés dans un nuage de neige et disparurent dans l'obscurité. Alphonse se coucha cette nuit-là, soulagé mais aussi avec un sentiment de béatitude qu'il n'avait, jusque-là, jamais encore éprouvé.

Quelques jours plus tard, un autre couple lui rendit visite pour les mêmes raisons.

Peu à peu, me dit l'immeuble griot, mon garde-manger troué d'une minuscule fenêtre, devint un lieu de culte secret où, une fois par semaine, on célébrait une messe selon le rite catholique, au nez et à la barbe des révolutionnaires.

Je me souvenais encore des détails de l'histoire du père Schutz et de l'émotion qui me saisit lorsque, enfants, nous explorions toutes les pièces de la maison de notre chère Marie. Nous trouvâmes, dans la petite pièce noire, oubliés et dissimulés, au haut du mur situé à l'est, un crucifix et deux alliances ; nous ne sûmes jamais vraiment s'ils avaient été placés volontairement là, par notre grand-père, pour donner plus de véracité à l'histoire du père Schutz ou si, depuis tout ce temps, personne ne les avait découverts ni récupérés. Nous avions toutefois le sentiment de partager le secret de l'Église dissimulée et chaque fois que nous nous rendions dans la petite pièce consacrée, nous nous prenions un peu pour les premiers chrétiens descendant dans les catacombes.

La Révolution n'avait pas réussi à chasser les occupants de l'immeuble griot. Un dictateur à moustache s'en chargea en 1939.

Chapitre 31
Départ en terre inconnue

La famille de Marie descendait pour la troisième fois déjà dans la petite cave en terre battue de leur maison. C'était un entraînement au cas où, avait indiqué le chef de famille. Ce 1er septembre 1939, l'Allemagne avait envahi la Pologne, ce qui conduisit la Grande-Bretagne et la France à lui déclarer la guerre deux jours plus tard. Il faut dire que l'Allemagne avait su jouer avec le feu depuis quelques années déjà sans subir les foudres de la France puisque dès 1936, Hitler remilitarisait la zone en face de l'Alsace en violation du Traité de Versailles et des accords de Locarno. Puis, il put annexer la région des Sudètes en 1938. Les Alsaciens et les Mosellans occupaient à présent les forteresses de la ligne Maginot et la population située le long de la frontière venait de recevoir l'ordre d'évacuer leurs maisons.

Chaque habitant avait le droit d'emporter trente kilogrammes de bagages, un peu de nourriture et devait laisser son étable ouverte pour libérer ses animaux. Marie et sa famille, concernées au premier chef par ces mesures, puisque le village de Kilstett se trouvait à trois kilomètres de la frontière allemande, préparèrent dès le lendemain le départ.

Un train les attendait à une trentaine de kilomètres de leur village. Les charrettes tirées par des chevaux, les bicyclettes et les chaussures servaient de moyens de transport jusqu'à la gare.

Le convoi devait partir de Marlenheim, village viticole situé au sud-ouest de Kilstett. En guise de train, un long chapelet de wagons à bestiaux fut mis à la disposition de la population avec un peu de paille.

La famille de Marie se mélangea aux trente-sept mille personnes évacuées vers la même destination inconnue.

En deux jours, les 2 et 3 septembre 1939, ce sont trois cent soixante-quatorze mille Alsaciens qui durent abandonner leurs habitations pour les départements du Gers, des Landes et du Lot-et-Garonne pour les Haut-Rhinois, de la Dordogne, l'Indre et la Haute-Vienne pour les Bas-Rhinois.

Le voyage fut éprouvant et dura trois jours et trois nuits. Hormis le soutien de la Croix rouge, des scouts et de la Cimade, le Comité intermouvements auprès des évacués, créé le 18 octobre 1939 pour venir en aide, aux populations évacuées d'Alsace et de Lorraine, peu de choses étaient prévues pour le confort de nos évacués. Les conditions d'hygiène étaient spartiates.

À l'arrivée en terre limousine, il n'y eut pas « de gentil organisateur » pour guider le voyageur. Ce fut un double choc : culturel et psychologique !

Deux mondes s'observaient avec beaucoup de circonspection. Certes, deux mondes ruraux se rencontraient, mais les différences étaient plus importantes que ce qui les rapprochait. Les dialectes différaient, les accueillants parlaient des patois occitans, les accueillis, l'alsacien, dérivé de l'allemand. Les conditions de confort divergeaient sensiblement entre les deux populations. Les premiers vivaient dans des fermes où le mitage était la règle, en quasi-autarcie et souvent avec leurs bêtes, les seconds habitaient dans un village où les maisons étaient regroupées et les pièces affectées clairement à un usage précis, les bêtes vivant dans une étable séparée. L'eau courante, l'électricité et les lieux de commodités semblaient ne pas avoir été du voyage. Pour couronner le tout, l'administration française était sous l'eau. Elle avait omis de compter les vingt-quatre mille Parisiens d'origine limousine qui s'étaient invités dans leurs familles. Elle avait sous-évalué le nombre d'évacués en prenant beaucoup de retard dans la construction de baraquements destinés à accueillir les Alsaciens en Haute-Vienne.

Résultat de ce chaos administratif, les populations déplacées dormaient dans les granges, les salles de bal, les hangars ou les écoles et la population de certains villages alsaciens était parfois répartie dans vingt communes limousines différentes.

Une incompréhension s'installa entre les autochtones et les voyageurs venus de l'est. Les premiers comparaient les arrivants aux Espagnols qu'ils avaient accueillis quelques années auparavant, lesquels fuyaient le régime de Franco et étaient bien contents de trouver un abri. Alors que nos voyageurs harassés étaient des exilés de l'intérieur, victimes d'une mesure administrative mal préparée et surpris par les conditions d'hébergement austères jugées parfois indignes.

Grâce doit cependant être rendue à ces paysans du sud-ouest qui avaient accepté d'ouvrir leurs maisons à des étrangers ne parlant pas leur langue en leur offrant ce qu'ils avaient. Globalement, une famille sur trois hébergeait des évacués. Malgré les incompréhensions du départ et contre toute attente, les « Ya, Ya » – surnom donné aux Alsaciens – s'intégrèrent dans ce nouveau monde. L'indemnité qu'ils touchèrent après quelques mois permit d'être autonome et de faire marcher le commerce. De réfugiés ils acquirent le statut d'acteurs économiques et cela changea tout. On leur reprocha parfois même de faire grimper les prix ! On échangeait des recettes. Les Limousins découvrirent la choucroute, la tarte à l'oignon, le Kougelhopf, la tarte flambée ou le Bibeleskass. Les Alsaciens goûtèrent à la potée limousine, à la bréjaude et bien sûr au bœuf limousin. On comparait les techniques agricoles et les environnements propres à chaque population. La contrée qui accueillit ma nonna, mon grand-père et, à l'époque, ses trois enfants ressemblait à celle de Fredon dans *le Seigneur des anneaux* ou à la Brenne de Michelet. Étangs, broussailles, pâtures et forêts de châtaigniers entouraient nos exilés qui retrouvèrent leurs marques et recréèrent une petite Alsace en Limousin avec ses spécificités juridiques et linguistiques. Une deuxième école publique, mais confessionnelle, fut ainsi créée. Sur onze mille élèves exilés, dix mille deux cents fréquentaient cette nouvelle école, les autres partageaient les bancs des petits Limousins.

Notre nonna rejoignit une ferme située à Rongeras au nord-ouest de Janailhac. Ce petit hameau, dont le nom signifiait la ronceraie, était constitué pour l'essentiel d'une maison de maître, de son annexe, et de quelques fermes aux alentours. Il y existait aussi un souterrain où se perdirent plusieurs fois les enfants de nonna.

Étant l'une des rares à maîtriser la langue de la patrie, Marie joua le rôle d'interprète lorsque le langage des signes atteignait ses limites. La vie s'organisait entre les travaux aux champs, l'école, une fréquentation assidue du cabaret de Mélanie Gourmandie à Janailhac par le mari de Marie et finalement une année passa, on se fit de nouveaux amis et en septembre 1940 se posa la question du retour.

Marie appréciait la simplicité des gens qui l'avaient accueillie. Leur vie était rude, mais les Limousins étaient hospitaliers. Cette région du Sud limousin était un peu moins montueuse et froide que celle du haut limousin. Ses paysages bucoliques avec ses étangs et ses pacages étaient apaisants pour l'esprit et le corps. Le temps semblait figé, comme l'eau de ces nombreuses étendues où se reflétait un soleil généreux ; une rivière portant pratiquement le même nom que celle coulant à côté de son village d'origine apportait quantité de poissons et attirait des oiseaux de toutes espèces, la région semblait protégée de tout envahisseur et oubliée par la guerre.

L'ancien préfet de la Haute-Vienne sous le Premier Empire, Louis Texier-Olivier, faisait déjà l'éloge de ses administrés en ces termes : *la douceur est le caractère distinctif des habitants du département de la Haute-Vienne. Ils sont, en général, pleins de bonhomie et de candeur ; et, quoiqu'excessivement économes, ils se montrent charitables et hospitaliers. Durs envers eux-mêmes, ils sont honnêtes envers les étrangers ; ils savent apprécier le bien qu'on leur fait ; ils sont serviables et reconnaissants.*

Ces qualités ne semblaient pas avoir quitté les Limousins du milieu du vingtième siècle. Peu à peu, les deux communautés apprirent à mieux se connaître, mieux se comprendre et finirent même par s'apprécier. Marie avait très envie de rester.

Se joua alors une guerre d'usure au sein de son couple. Aloyse voulait rentrer chez lui, récupérer ses biens, ou du moins ce qui en restait, reprendre sa vie. Il faisait confiance au vieux maréchal vainqueur de Verdun, bien qu'il fût alors dans le camp adverse. Le vieux soldat avait promis que les Alsaciens Mosellans seraient bien traités. Des pressions furent exercées et finalement le couple reprit, la mort dans l'âme pour ma nonna, le chemin du retour.

Le retour s'opéra à nouveau en trois jours. Lorsqu'ils franchirent en pleine nuit la ligne de démarcation découpant la France en deux, des soldats allemands ouvrirent violemment les portes du train et demandèrent, en hurlant, si des juifs se cachaient parmi eux. À mesure qu'ils se rapprochèrent de l'Alsace, ils découvrirent des soldats avec d'autres uniformes. Les croix gammées et l'aigle allemand avaient remplacé les drapeaux français. Arrivés en gare de Strasbourg, ils furent accueillis en alsacien avec une collation par le docteur Ernest, le chef du Service d'Aide, qui leur souhaita la bienvenue en n'omettant pas de préciser que leur région avait été épargnée grâce au Führer. Les rapatriés se firent reconduire en voiture dans leur village d'origine dans l'ordre le plus parfait.

Sur place, nonna et sa famille découvrirent l'immeuble griot souillé, saccagé, les animaux avaient naturellement servi de repas. Le matériel agricole était disséminé lorsqu'il n'avait pas tout simplement disparu. Leur vie quotidienne allait changer.

Chapitre 32
L'annexion

Le Gauleiter Wagner de son vrai nom Backfisch « poisson frit » semait la terreur en Alsace en sa qualité de chef de l'administration civile durant toute la période de l'annexion. Ce serviteur dévoué d'Hitler, nazi de la première heure, fut le grand ordonnateur des nombreuses mesures visant à regermaniser l'Alsace.

Les hommes de la classe 1908 à 1926 furent enrôlés de force dans l'armée nazie, plus tard ils furent appelés les malgré nous.

Les hommes plus âgés et valides étaient réquisitionnés par l'administration allemande. Ils furent affectés à diverses tâches pour le bien du *Vaterland* et notamment à des travaux d'assainissement, de creusement de fossés, d'édification de murs de protection ; les moins valides assumèrent la nourriture des occupants par le travail à la ferme et aux champs. Le gîte et le couvert des nouveaux maîtres étaient assurés par les habitants. La plupart des hommes du village avaient disparu, soit aux fronts, le plus souvent à l'est, soit au maquis.

La belle langue de Goethe devint celle des vexations quotidiennes, des ordres criés en pleine figure ; elle était obligatoirement enseignée dans toutes les classes qui scandaient à l'unisson les louanges du Führer et chantaient, *Für dich mein Vaterland will ich sterben* (pour toi ma patrie je veux mourir) tandis que de l'autre côté des Vosges on célébrait le Maréchal, sauveur de la France ! L'annexion était en marche avec le soutien bienveillant de Vichy qui par la voix de l'Amiral Darlan proposa de la traduire en droit public en espérant obtenir en échange la Wallonie belge…

Les mêmes erreurs commises en 1918 par les autorités françaises au retour de l'Alsace et de la Moselle furent réitérées, mais dans l'autre sens et, plus brutalement, par les autorités hitlériennes.

Tout ce qui pouvait rappeler la France devait être éradiqué. Les noms et les prénoms des gens furent germanisés ainsi que celui de leurs villages. Les livres en français furent brûlés et supprimés. Les concitoyens jugés trop francophiles expulsés par le Gauleiter Wagner avec au maximum trente kilogrammes de bagages et deux mille francs en poche. Les réseaux de résistance, dont celui de la Main Noire, furent démantelés et leurs membres internés ou exécutés, tels le jeune Siratski et Marcel Weinum qui avaient plastiqué la voiture du Gauleiter.

Les statues de nos illustres généraux Kleber, Kellermann, Rapp et Bruat furent déboulonnées. Les rues les plus importantes des grandes villes durent porter le nom du Führer bien que ce projet ait, semble-t-il, été abandonné à Mulhouse lorsque les Allemands apprirent que le nom de la rue principale destinée à porter le nom du petit moustachu s'appelait la rue du Sauvage… Pour contrôler les parents, la jeunesse fut endoctrinée. Pour accéder à l'enseignement secondaire ou supérieur, le jeune devait intégrer la jeunesse hitlérienne.

Les femmes prirent pour la seconde fois les affaires et le pouvoir domestique en main. Le salut hitlérien était de rigueur et gare aux récalcitrants. Marie me raconta qu'un jeune kilstettois, Pierre, âgé de quinze ans, de la ferme des Schneider, avait refusé de saluer un officier allemand, par jeu ou par provocation ; il avait été jeté en prison et fut déporté au centre de rééducation de Schirmeck.

Notre nonna connut les soucis quotidiens que rencontraient tous ses concitoyens avec, peut-être, un peu plus d'acuité, car, dans son village, elle était l'Alsacienne qui maîtrisait le mieux la langue de Voltaire. Elle avait travaillé à Paris !

Il lui arrivait parfois, dans son désespoir, d'invoquer la Sainte Trinité, de prier des heures durant pour que l'unique poule, qu'elle avait pu récupérer, veuille bien prendre la peine de pondre un œuf.

Le quotidien était compliqué, difficile, parfois tragique. Un jour, n'y tenant plus entre les difficultés à gérer la petite ferme, son mari de plus de cinquante ans, réquisitionné dans les fossés et, à l'époque, ses trois enfants tiraillés par la faim, elle se rendit auprès de l'officier allemand responsable de notre secteur.

— *Heil Hitler* ! lui dit-elle en levant son bras

— *Heil Hitler was wollen Sie* ? (Que voulez-vous) lui répondit l'officier.

Sans se démonter, Marie présenta sa requête en allemand.

— *Herr Offizier, mein Mann ist alt und ich habe drei kleine Kinder zu ernähren. Allein ist es mir sehr schwierig. Wäre es nicht möglich mein Mann von seiner Arbeit ein bisschen zu befreien, so könnte er mir zu Hause helfen, bitte* ? (Monsieur l'officier, mon mari est âgé et j'ai trois enfants en bas âge à nourrir. Seul cela devient très difficile. Ne serait-il pas possible d'alléger la charge de travail de mon mari afin qu'il puisse m'aider à la ferme ?).

La réponse ne se fit pas attendre.

— *Was glauben Sie denn dass wir in Ferien sind ? Ich habe eine Schwester die 60 Jahre alt ist und Sie muss in Westphalen in der Fabrik arbeiten.* (Que croyez-vous ? Que nous sommes en villégiature ? J'ai une sœur de 60 ans en Westphalie qui doit travailler à l'usine.)

Après cette fin de non-recevoir, elle se rendit auprès des instances supérieures pour plaider sa cause. La pugnacité de notre nonna et sa détermination eurent raison de la rigidité de l'administration allemande. Le supérieur de l'officier lui donna satisfaction. Son mari fut ainsi employé à mi-temps pour lui permettre de cultiver les quelques ares restant à la suite du partage successoral de ses parents entre ses onze frères et sœurs.

Chapitre 33
Schlourrffs !

Les Barbus, trouvant le temps un peu long, commencèrent à organiser le repas du soir. Eh oui, même lorsque la faucheuse se promène dans les champs, il ne faut pas se laisser abattre…

— Madeleine, tu vas nous préparer quelque chose, on ne va tout de même pas se laisser mourir de faim. Qu'as-tu à nous proposer ? lança Duduche.

L'intérêt de ce repas improvisé résidait essentiellement dans la monopolisation des mâchoires de mes tantes qui, affairées à s'ouvrir et à se refermer pour mâcher la nourriture généreusement offerte, étaient dans l'impossibilité de faire jaillir toutes paroles acerbes ou médisantes… et ça faisait de grands schlourrffs et ça faisait de grands schlourrffs…

Une fois rassasiés, les Barbus entreprirent un nouveau sujet de discussion et de discorde. Le pharmacien avait apporté des bouteilles d'oxygène reliées à notre babouchka pour faciliter sa respiration qui sifflait comme celle d'un asthmatique. La question de la fin de vie s'invita au menu en mignardises !

J'étais abasourdi par ce que je venais d'entendre. Comment pouvait-on aborder ce sujet alors que notre babouchka luttait courageusement pour éviter de monter dans la barque de Charon ?

La tante Balai ouvrit le bal :

— Si tu veux mon avis, on ne devrait pas insister, si tout espoir est perdu, il faudra la laisser partir dans la dignité.

— Que veux-tu dire, tu ne voudrais tout de même pas la débrancher ? répondit la tante Duduche avec un haut-le-cœur.

— Non, bien sûr que non, mais… si on est vraiment sûr que tout espoir est perdu, il faut laisser faire la nature et la main divine.

La Tante Balai fermait les yeux comme si elle venait de sentir la caresse de cette main.

— Mais ma pauvre fille, tu n'y songes pas ! Ce n'est tout de même pas à nous de décider de notre heure de départ. Le Seigneur, dans sa grande bonté, nous rappelle au moment opportun. Tu devrais prier trois « Je vous salue » pour avoir eu une pensée aussi sordide.

La tante Balai s'exécuta immédiatement avec son chapelet, après s'être signée énergiquement.

Madeleine se risqua, timidement, craignant la tempête que pouvait provoquer cette chère tante Duduche.

— Mais imaginons que maman souffre le martyre, elle m'a dit plusieurs fois qu'elle en avait assez de se battre et qu'elle prendrait bien un peu de hauteur maintenant.

— Madeleine, cela ne veut rien dire, si maman est sous morphine, il n'y aurait pas de problème, pourquoi alors se prendre pour Dieu le père ? Vraiment Madeleine, je ne te comprends pas. Tu voudrais toi aussi la débrancher ? Mais qu'est-ce qui vous prend ? Et tout ce qu'on vous a enseigné, c'est précisément maintenant qu'il faudrait vous en souvenir. Je suis atterrée !

La tante Duduche essayait de se contenir, mais son nerf maxillaire supérieur se gonflait dangereusement comme s'il allait exploser. Madeleine évita de la contrarier encore plus.

Je décidai de venir au secours de ma mère Madeleine, car j'avais en effet entendu plusieurs fois notre nonna revendiquer le droit de quitter ce monde dans la dignité. Cependant, dans mon esprit, ce moment était encore loin d'arriver. Je poursuivis ainsi le débat, espérant secrètement parvenir au bout de la résistance du nerf maxillaire de Duduche !

— Mais ma chère tante, si la volonté de mamama a été clairement exprimée à un moment où elle n'était pas sous l'effet d'un stupéfiant, pourquoi devrions-nous substituer notre volonté à la sienne qui a été dite sans ambiguïté ?

— Enfin Victor, tu n'ignores pas que chez les catholiques le suicide est interdit, c'est un meurtre sur soi-même. Nous ne sommes pas des sauvages. Je souhaite qu'elle participe à la résurrection avec notre christ, et elle leva les yeux au ciel en joignant ses deux mains.

— Personnellement, je pense qu'abréger les souffrances d'un être cher est un acte d'amour. Dieu n'est-il pas amour ? lui dis-je.

— Il est amour, mais n'a pas pour autant abrégé les souffrances de son propre Fils, répondit Duduche.

— Lui, c'était différent ! Il portait tous les péchés de la terre, c'était sa mission, alors que notre nonna (elle avait horreur que je l'appelle ainsi) n'a rien demandé à personne et encore moins de terminer comme un martyr.

— Victor, tu délires. Aucun catholique sérieux ne cautionnerait tes propos. Nous avons aujourd'hui les moyens de faire dormir les malades qui souffrent, sans pour autant les éliminer. Et s'ils se réveillent ? Le coma n'est pas toujours irréversible. Vraiment j'ai l'impression que vous vous êtes tous ligués contre moi. Suis-je donc le seul être raisonnable dans cette maison ?

— Nous devons respecter la volonté de nos proches. L'ultime liberté d'un individu n'est-elle pas précisément d'abréger ses souffrances s'il le souhaite ? Sa vie n'appartient qu'à lui. On ne peut tout de même pas raisonnablement soutenir qu'on va ressusciter, un jour, d'entre les morts, une fois que les vers de terre nous auront tous dévorés !

— Enfin, Victor ! Voilà que tu blasphèmes à présent alors que ta grand-mère agonise juste à côté de toi. N'as-tu pas honte ? Je vais prier pour que Dieu t'apporte le Salut, car ton âme est vraiment en danger.

De plus en plus arrogant je lui répondis :

— Je n'ai pas besoin de tes prières, pense plutôt à ton propre Salut ! Imagine que tu te réincarnes en ver de terre. Si ça se trouve, tu dévoreras peut-être les pieds de mamama.

— Oh ! Quel fou ! Tu es un véritable mécréant ! Je sais bien que nous devons pardonner à ceux qui nous offensent, mais je crains vraiment que tu ne sois plus récupérable. Venez, nous allons reprendre nos prières aux malades agonisant.

Le groupe se reforma en m'excluant ostensiblement et reprit ses oraisons répétées à l'envi, ce qui eut pour effet de m'envoyer dans un monde imaginaire, sans tantes ni prières. Un monde silencieux, sous-marin, calme et rassurant, dans lequel tout mon corps flottait dans une eau pure et saline, ni trop froide, ni trop chaude. Des poissons multicolores m'accompagnaient, des cormophytes se balançaient paresseusement, les rayons du soleil, absorbés par l'eau, se perdaient dans les profondeurs, ne laissant survivre que ce bleu outremer si caractéristique des fonds marins. Soudain, j'aperçus dans cette quiétude océane, une tache noire fondre sur moi en grossissant, m'offrant une gueule béante hérissée de dents pointues et coupantes, ce qui me ramena instantanément sur la terre ferme dans la chambre que je venais de quitter.

Je restais prostré aux côtés de celle qui devait ou non être débranchée, convaincu dans mon for intérieur que, passée la nuit, Marie irait mieux.

Je vis passer la faucheuse qui fort heureusement ne semblait pas vouloir s'arrêter.

Je vis cette faucheuse. Elle était dans son champ
Elle allait à grands pas moissonnant et fauchant
Noir squelette laissant passer le crépuscule.
Dans l'ombre où l'on dirait que tout tremble et recule.

Il était à présent minuit. À contrecœur, je m'apprêtai à quitter provisoirement Marie dans sa torpeur. Dehors, la nuit avait, depuis longtemps déjà, pris possession du bourg. Quelques chiens errants faisaient rouler des bouteilles vides à l'intérieur des poubelles, la lune laiteuse était voilée par un halo de nuages. Ma maison griot s'était tue et ne me racontait plus rien. Elle restait désespérément silencieuse. Je décidai de rentrer.

Chapitre 34
Une drôle d'auberge

Arrivé chez moi, je ne pus trouver le sommeil et, lorsqu'après plusieurs heures de lutte contre moi-même, je sombrai enfin en léthargie, je fis un horrible cauchemar.

J'étais assis dans une taverne mal éclairée et venais de perdre toutes mes dents du haut qui tombaient les unes après les autres, comme des feuilles mortes. Puis, on m'apporta un steak dur comme de la pierre en guise de repas, accompagné d'une cervelle d'agneau, le plat préféré de ma grand-mère. Comme il ne me restait plus que les dents inférieures, je croquais ce steak en forme de pavé et perdis du coup mes quenottes inférieures.

Les cloches de l'église sonnant l'angélus m'arrachèrent salutairement de ce restaurant si particulier. Je me levai au dernier coup de la grande cloche, titubant, cherchant la sortie de la chambre pour m'engouffrer dans la salle de bain.

Mon premier regard fut pour ma denture qui visiblement ne m'avait pas accompagné dans cette sordide auberge. Rien n'avait bougé ! Mes dents du haut étaient encore en place, prêtes à se faire brosser, tout comme celles du bas. Je laissai couler longuement l'eau de la douche sur ma tête et mon esprit embrumé refit péniblement surface. Mamama ! Avait-elle surmonté la nuit ou était-elle déjà la convive de Hadès ?

Sautant sur le téléphone, je composai aussi vite que possible le numéro de Madeleine qui après d'interminables secondes me répondit :

— Son état n'a pas changé. Elle respire comme hier. Tes tantes reviendront ce matin. Et toi, tu peux te libérer ?

— Bien sûr, je passerai dès que possible, répondis-je machinalement.

« Dès que possible » voulait dire : dès que mon patron m'aurait permis de prendre un congé non programmé ! Il fallait en effet le convaincre que la perte possible d'une personne âgée de quatre-vingt-onze ans était un évènement exceptionnel et douloureux justifiant une absence non prévue pour une durée indéterminée. Ce qui n'était pas gagné à en juger la manière dont il avait géré les absences d'un collègue de travail qui avait accompagné son épouse, atteinte d'un cancer fulgurant l'ayant croquée à quarante ans.

Adolescent, j'avais à commenter au lycée en cours de philosophie le sujet suivant : à l'entrée des camps de concentration, on peut lire *Arbeit macht frei.* Pensez-vous que le travail rend libre ? Tout le monde sait qu'à seize ans on a des idées très pertinentes sur ce type de sujet, l'état d'esprit de l'adolescent n'a guère évolué, le Kevin d'aujourd'hui ressemble beaucoup au Kevin d'hier avec les DS, portables, I-phones et WI en plus. Ma composition fut calamiteuse malgré un intérêt certain pour la matière…

Aujourd'hui, sans me préoccuper du sens étymologique du mot « travail » et de ses nombreuses significations, en restant basique et en prenant ce mot dans son sens le plus commun et le plus contraignant, entendu comme l'obligation de consacrer un certain temps à un individu en se soumettant à ses quatre volontés moyennant une maigre rémunération… j'aurais tendance à penser que, certes, le travail permettait de ne pas être confondu avec un animal ou une machine et d'accéder à une certaine liberté puisqu'il faut bien subvenir à ses besoins, mais on était très vite limité par l'étroitesse des liens qu'il crée.

Une partie de votre propre temps ne vous appartient plus. Lorsqu'en plus il s'agit de faire comprendre l'incompréhensible, de parler dans une langue étrangère à quelqu'un qui ne veut pas comprendre, on voit très vite que travail et liberté sont antinomiques.

Mon patron ayant des idées très éloignées des grands penseurs progressistes en matière sociale, je me fis porter pâle et contribuai, encore un peu plus, au creusement du trou de notre Sécurité Sociale… Dans l'état d'esprit d'un écolier qui a pris la clé des champs, je partis immédiatement rejoindre ma chère et tendre Marie, agonisante et comateuse, en évacuant toutes autres préoccupations conjoncturelles.

Les premiers flocons de Noël s'étaient répandus sur le sol immaculé et glissant. Je faisais la trace, la saleuse n'étant pas encore passée. En empruntant l'autoroute de Paris, le souvenir de Marie, jeune fille de vingt ans, débarquant de sa province natale, dans la capitale pendant les années folles, accapara mon attention.

Quel devait être son état d'esprit en quittant une capitale régionale pour en rejoindre une autre, plus vaste, plus luxueuse où l'on parlait une langue qu'elle ne comprenait quasiment pas ?

Était-ce « une aventure à l'américaine, la traversée de l'océan en moins » ? Il fallait que Marie ait eu un certain courage pour laisser derrière elle ses habitudes, sa culture. Seule une fille curieuse, ouverte et audacieuse, pouvait relever ces défis. Bien sûr, son cas n'était pas isolé, puisque de nombreuses jeunes filles « montaient » dans la capitale pour y travailler et réunir l'argent nécessaire afin de fonder un foyer pour retourner ensuite dans leur pays. Marie n'était pas partie avec cette idée de retour dans la tête et aurait pu faire une parfaite Parisienne ou devenir une Normande d'adoption, si elle avait suivi son laitier. J'étais tellement absorbé dans mes pensées que je ne m'étais pas aperçu de mon arrivée dans le village que la reine Marie et le grand Goethe avaient naguère traversé.

J'arrivai au seuil de la maison de Madeleine qui n'avait rien de la pension de famille de Mme Vaquer : un cube de cent mille francs (quinze mille euros), posé dans la cour de la ferme de ma nonna, une cheminée et un toit à quatre pans avec des tuiles rouges mécaniques. Le maître d'ouvrage s'était affranchi des règles de prospect en déclarant aux autorités que la ferme, qui maintenant se trouvait trop près du nouveau bâtiment, serait démolie ce qui le dispensait du coup de toute préoccupation d'ordre urbanistique. L'immeuble griot s'était ainsi vu imposer dans son environnement immédiat, cette voisine en béton sans style, ôtant définitivement le soleil à l'ensemble de ses pièces situées sur son côté ouest.

J'avais dans la tête encore le bourdonnement de la bétonnière que mon père faisait tourner, obstinément, pour réaliser les travaux de second œuvre. Elle régurgitait le béton nécessaire à la fabrication des sols, des murs, et des poteaux, après avoir englouti avidement le sable, l'eau et le ciment jetés dans sa bouche ronde constamment ouverte. Même après son arrêt, son ronronnement entêtant, provoqué par le glissement du sable et des cailloux déversés dans son antre, survivait encore, pendant de longues heures, dans mes oreilles.

Au final, le cube était étanche et abritait à présent ma chère Marie installée au salon, dans son lit d'hôpital, près d'un poêle et de la télévision.

Chapitre 35
ORTF et Rois mages !

La télé ! Quelle découverte pour nonna !

Cet objet laid et encombrant, qui occupait l'espace-temps comme une toile d'araignée, déversant à longueur de journée, de son écran, des appels au crime, des incitations à la consommation de produits inutiles et chers, des fictions plus abrutissantes les unes que les autres, cette boîte maléfique de Pandore, qui une fois ouverte ne pouvait plus être refermée au risque d'être mis au ban de la société, car on ne faisait plus partie du cercle des initiés, et oui, cette télé fut une amie intime et fidèle de ma nonna.

Naturellement, Marie ne regardait que les journaux télévisés en français et les chaînes allemandes. Certaines séries avaient sa préférence : la petite maison dans la prairie que la pauvre Laura n'arrivait jamais à traverser sans tomber, Heidi qu'on arrachait à ses montagnes pour lui donner une éducation de citadine, les *Heimatsfilms* avec Hans Moser, les Sissi, quelques émissions de variétés avec le chanteur allemand et albinos, Heino.

Une relation étrange et très dérangeante s'était installée entre la télé et Marie. Ma nonna était persuadée que les personnes du petit écran pouvaient communiquer avec elle. Des situations assez insolites en résultaient.

On pouvait assister à des dialogues du style :

— Mesdames, Messieurs, bonjour !

— Bonjour monsieur Pernot.

— Aujourd'hui, nous avons une actualité très chargée, une petite fille a été enlevée hier soir.

— La pauvre, faites tout pour la retrouver, monsieur Pernot.

— Et la météo de monsieur Alain Gilot Petré : grand soleil sur l'ensemble de la France.

— Monsieur Pernot, chez nous c'est couvert !

Ces situations se multipliaient et lorsqu'on expliquait à Marie que l'écran de télévision n'était qu'un réceptacle d'ondes transformées en images, elle répondait malicieusement :

— Mais vous me prenez pour une folle ! Je sais parfaitement qu'il n'y a personne… lorsque c'est éteint !

Et le lendemain, à 13 heures, elle ne manquait pas de raconter ses déboires à Jean-Pierre Pernot, en lui expliquant qu'on la prenait pour une démente.

La solitude, les attaques, l'âge constituaient autant de facteurs rationnels expliquant ces dialogues surréalistes. J'avais choisi le camp de Marie en jouant son jeu et je me surprenais à communiquer avec Jean-Pierre Pernot et ma nonna pendant les actualités de 13 heures ce qui irritait prodigieusement nos tantes, les Barbus.

Je m'étais assis près de ma nonna, dont l'état n'avait guère évolué. L'immeuble griot m'accueillit en me murmurant à l'oreille :

— Te souviens-tu de la visite des rois mages ?

— Les Rois Mages ? Ah oui, je m'en souviens. Ils nous ont rendu visite il y a bien longtemps.

Lorsque j'étais étudiant, le premier, Melchior, le deuxième Balthazar et le troisième… Hippolyte étaient venus du Sénégal oriental. Membres, comme moi, d'une association d'échanges et de solidarité, nous organisions chaque année des déplacements tantôt en France, tantôt au Sénégal pour faire avancer des projets en vue de soutenir certains villages de cette partie du Sénégal à l'époque où le Paris–Dakar arrivait encore à Dakar…

Des jardins familiaux, des dispensaires ou encore des écoles de brousses ont ainsi pu bénéficier de nos diverses actions. J'avais impliqué ma nonna qui accepta immédiatement, et sans hésiter, de recevoir la délégation sénégalaise. Je lui avais dit qu'elle recevrait les Rois Mages et qu'ils étaient musulmans.

Marie me répondit :
— Et alors, ce sont des hommes comme nous, où est le problème ?
— Mais tu ne pourras pas les emmener dans ton église, ils ne mangent pas comme nous, il leur faut un endroit pour faire leurs cinq prières quotidiennes.
Marie m'expliqua qu'elle priait tout au long de la journée et avait juste besoin d'un endroit tranquille.
— Et qu'est-ce qu'ils aiment manger, tes noirs ? me demanda-t-elle.
— Je ne sais pas, je crois qu'ils mangent surtout épicé et pas de porc.
Exit donc, à mon grand regret, la choucroute. Nous eûmes droit, comme le grand Goethe, à un magnifique baeckeoffe délesté du cochon…

Il fut copieusement poivré par nos convives, jusqu'à ressembler à un plat mexicain truffé de piments et comme les épices ça donne soif, nos hôtes n'eurent de cesse d'ingurgiter des quantités astronomiques de liquides. Ils se comportaient un peu comme des pompiers pyromanes qui allumaient un incendie pour mieux pouvoir l'éteindre. Je découvris à cette occasion que les musulmans observaient le Coran avec plus ou moins de souplesse et, selon les chapelles auxquelles ils appartenaient, ces derniers pouvaient être capables d'une grande faculté d'adaptation. J'avais proposé de l'eau et m'étais réservé un peu de Riesling. Au final, j'ouvris trois bouteilles de ce vin blanc d'Alsace qui remporta un franc succès auprès de nos hôtes.

Je demandai à ces derniers :

— Je croyais que votre religion interdisait l'alcool.

— Mais mon cher Victor, nous n'avons pas le droit non plus de contrarier celui qui nous reçoit et avons promis à notre chef du village de goûter à vos spécialités, répondit Balthazar, avec un grand rire de saxophone.

Du coup, l'eau-de-vie clôtura le délicieux repas préparé par notre nonna qui avait reçu les trois mages comme s'ils faisaient partie de la famille, dans sa cuisine sans affèterie ni cérémonie, avec chaleur et simplicité. Ils étaient si bien chez nous qu'ils passèrent l'après-midi à nous raconter des histoires de vaches et de paysans Peuls, de lions dans la savane et à chanter en wolof. Je leur avais lu un poème du grand Senghor :

Ma Négritude point n'est sommeil de la race, mais soleil de l'âme, ma négritude vue et vie
Ma Négritude est truelle à la main, est lance au poing
Réécade. Il n'est question de boire, de manger l'instant qui passe
Tant pis si je m'attendris sur les roses du Cap-Vert !
Ma tâche est d'éveiller mon peuple aux futurs flamboyants
Ma joie de créer des images pour le nourrir, ô lumières rythmées de la Parole !

Nous nous séparâmes heureux et reconnaissants d'avoir eu cette qualité d'échanges, mais aussi nostalgiques d'un passé que nous avions définitivement perdu.

— Allez, chers amis : *Ba suba ak jam*, lança Marie qui leur avait demandé comment on disait au revoir en wolof !

— Dieu te garde, maman, répondirent-ils, en disparaissant comme par enchantement et Marie s'empressa de rallumer sa télévision pour raconter à la dame de la météo la formidable journée qu'elle venait de passer.

Chapitre 36
Charles

À présent la télé était éteinte, la pénombre emplissait la chambre de Marie, un silence inquiétant et pesant conférait à la scène une atmosphère lourde et grave, presque funèbre. J'étais mal à l'aise, angoissé, car j'avais l'impression de me trouver dans l'antichambre de la Mort !

Elle était assise auprès du lit tout attentionnée, gardant à bonne distance les âmes charitables qui par leurs prières essayaient de la repousser. Elle occupait l'espace et le temps, s'affairait pour préparer son voyage, dialoguant avec son passager. Polyglotte, elle savait se faire comprendre.

— Victor ! Victor ! Regarde ! Mamama a bougé !

On venait de me ramener à la vie. J'étais dans un brouillard, cotonneux et déconnecté. Madeleine venait de me faire une piqûre d'adrénaline.

Reprenant mes esprits, je pus constater en effet que ma nonna avait bougé et sa main gauche s'agitait encore en faisant des petits soubresauts. Je m'empressai de la saisir en la suppliant de se réveiller à présent…

— Allez, ma petite grand-mère chérie, réveille-toi ! Maintenant ! Reviens à toi. J'ai encore plein de choses à te demander. Tu ne m'as pas raconté comment vous avez affronté les derniers combats en 1945. Comment avez-vous été dédommagés ? Et ton dévoyé de beau-père qui t'a volé ton enfance à quatorze ans, tu ne m'en as jamais parlé, juste quelques allusions, quelques indices que ta pudeur et ton élégance ont filtrés pour nous préserver. Et Dilou, tu te souviens de Dilou ? Je t'ai promis de t'emmener la voir à Nice. Tu sais, elle habite à Nice maintenant. Je dois aussi te faire visiter Paris, là-bas, la ville de tes premières amours. Rappelle-toi ! Et Rome ! La basilique Saint-Pierre, le Vatican. On verra le pape, celui que tu admires tant.

Aucun bruit, aucune réaction, aucun changement, aucun signe rassurant ne répondirent à mes sollicitations.

Une nouvelle journée passa lentement sans amélioration significative. L'attente devenait incertaine, longue et usante. Cela faisait trois jours que nous nous succédions au chevet de ma nonna qui refusait obstinément de rejoindre le monde des vivants.

Sur la table de nuit à côté de Marie, j'aperçus une photo, dont le grain avait jauni, représentant un marin tenant dans ses bras Madeleine, qui avait posé pour la postérité entre deux permissions : c'était mon oncle Charles.

Charles, chef mécanicien dans l'aéronavale, faisait partie des héros qui peuplaient mes nuits. C'était un surdoué de la mécanique. Enfant, il réparait déjà les tracteurs et toutes sortes de moteurs. Il détenait les secrets les plus intimes des machines et ne rêvait que d'une seule chose : voler !

C'était l'un des deux orphelins que Marie avait recueillis. Une distance respectueuse s'était installée entre Charles et ma nonna que ce dernier n'avait jamais réussi à tutoyer. Leur relation, compliquée au début, s'est progressivement muée en une relation filiale respectueuse et aimante qui n'était pas feinte.

Bien que son avenir fût tout tracé, c'était l'aîné des mâles, il lui revenait tout naturellement de prendre la suite de la petite ferme ou de ce qui en restait, Charles fit acte de rébellion dès qu'il atteignit l'âge de s'engager. L'armée cherchait pour ses colonies des mécaniciens disposés à affronter les températures élevées de l'équateur et la mécanique récalcitrante des Sunderland. Devant ses aptitudes exceptionnelles, le sergent recruteur n'eut aucune hésitation et l'engagea de suite. Toutefois ce recrutement n'était pas acquis d'avance du côté parental. Alors que mon oncle-mécanicien souhaitait s'engager dans l'Armée de l'Air, Marie l'accompagna au port du Rhin pour le présenter aux marins, car elle pensait, en son for intérieur, que les bateaux coulaient moins souvent que ne tombaient les avions.

Mais c'était sans compter sur l'obstination de son fils adoptif et la circulaire de juin 1945 du Conseil Supérieur de la Marine. Celle-ci avait créé l'aéronavale, composée d'une aviation embarquée et d'une autre non embarquée. Il n'était plus nécessaire de rejoindre l'Armée de l'air pour voler. Charles intégra ainsi, en 1946, la patrouille maritime d'aviation spécialisée de haute mer et plus précisément la flottille d'exploration 7F basée à Dakar-Bel Air.

Les permissions de Charles étaient toujours vécues par Madeleine, sa sœur cadette, comme des contes enchantés faits d'aventures extraordinaires. Charles racontait qu'il volait dans un porc-épic géant qui se posait sur la mer. Il pouvait parcourir quatre mille cinq cents kilomètres à deux cent quatre-vingts kilomètres par heure. Dix à treize membres d'équipage étaient nécessaires pour amadouer l'animal propulsé par quatre moteurs Pratt et Whitney de mille trois cents chevaux chacun. Il était intarissable sur la puissance de son hydravion, les nombreuses pannes qu'il parvenait à réparer en plein vol, les côtes sénégalaises et l'Afrique et faisait voyager toute la famille par procuration.

Le 16 septembre 1949, mon grand-père eut un malaise, une sorte d'attaque cardiaque ou peut-être un malaise vagal qui secoua tout son entourage. Une ambiance très menaçante plomba toute la journée. Le 17 septembre 1949, le maire du village accompagné d'un militaire gradé vint annoncer que le Short Sunderland de Charles s'était abîmé en mer et qu'il faisait partie des dix membres d'équipage portés disparus au large des côtes de Dakar.

Cette disparition à l'âge de vingt-trois ans de l'aîné d'une fratrie recomposée attrista tout le monde, Marie avait perdu le fils qui longtemps lui disait « vous » et avait fini par l'appeler maman avant son départ pour l'armée.

Chapitre 37
L'accident

Maman, c'était le qualificatif qui convenait le mieux à ma nonna, s'agissant de notre relation.

J'avais passé l'essentiel de mon enfance et une grande partie de mon adolescence chez elle. Elle me soutenait quoi que je fasse et me prodiguait toujours d'excellents conseils.

Son expérience de la vie et ses analyses m'avaient souvent permis de relativiser les contrariétés que subissent parfois les jeunes adolescents ou encore de réparer leurs erreurs de jeunesse.

Je me souvins notamment des foudres qui s'étaient abattues sur moi à la suite de la visite d'une ferme, prétendument abandonnée, organisée entre amis pour récupérer de vieux vestiges oubliés de la Seconde Guerre mondiale. Nous devions avoir treize ans. Nous ignorions alors toutes les conséquences induites de la propriété privée, même en cas d'ouverture de succession ; valeur érigée en principe constitutionnel par les révolutionnaires… Sans penser à mal et plus loin que le bout de notre nez, nous étions entrés par effraction dans cet ancien corps de ferme vacillant et en très mauvais état qui, depuis, a été arraché et démoli pour laisser place à un magnifique parking.

Nous y avions trouvé un masque à gaz et peut-être un vieux casque allemand. Il nous semblait normal et presque charitable de débarrasser cette vieille dame de ses vieilleries qui auraient de toutes les façons terminé leur vie dans la benne à ordures.

Notre naïveté nous perdit. L'indivision propriétaire était embusquée et nous guettait, prête à en découdre. Elle nous ramena vite à la réalité et chez nos parents respectifs. Mes cotes et mon dos gardèrent longtemps un souvenir douloureux de cette expédition. Ma nonna sut trouver les mots pour apaiser ma douleur physique et morale, elle m'incita à écrire une lettre d'excuses à l'indivision, qui, touchée par mon repentir, les accepta et en resta là.

De mon côté, je m'étais bien gardé lors de rendre d'autres visites discourtoises et interdites…

À présent, je ne pouvais plus profiter des précieux conseils de ma chère Marie. Elle ne parlait plus, ne bougeait plus et restait désespérément immobile. Seule sa poitrine luttait encore pour ventiler son corps, qui semblait se dissoudre peu à peu dans le matelas de son lit médicalisé.

Le jour déclinait à nouveau, sans aucune lueur d'espoir.

L'immeuble griot me rappela que dix ans auparavant, j'avais déjà craint perdre ma nonna.

Je me rendais alors chez un ami, avec ma R4 jaune PTT, rafistolée avec les moyens du bord. Pratiquant le kayak en fibres de verre, il me restait plusieurs pots de ce produit hautement toxique, mais résistant, que je m'étais employé à utiliser pour reboucher les nombreux trous qu'offrait ma première voiture, acquise avec mes cachets de musicien amateur et, suivant les traces de mon aïeul, mon traitement de facteur remplaçant.

Le résultat final fut satisfaisant, car je ne voyais plus la route par le plancher ni les ailes de ma superbe Renault. Avec sa peinture jaune canari, mon véhicule donnait l'impression de ne pas être l'épave rouillée et en bout de course qu'il était en réalité.

En arrivant sur l'intersection devant l'église, je dus stopper ma R4 devant un attroupement de fidèles, qui ne semblaient pas vouloir se diriger vers l'édifice religieux, mais restaient figés en observant une masse sombre étalée sur le passage piéton. Je sortis de l'auto pour m'enquérir de la situation et obtenir quelques précisions sur l'évènement.

Je vis une personne maculée de sang, le visage déformé, couchée sur le dos et apparemment consciente.

N'arrivant pas à identifier la victime, j'interrogeai mon proche entourage pour connaître son identité.

— Mais c'est Marie, la femme d'Aloyse, me répondit une voisine du premier rang.

Incroyable ! Ma nonna par terre, à mes pieds, toute difforme, ensanglantée et je ne l'avais pas reconnue !

Je courus immédiatement avertir l'ensemble de la famille et appeler les secours, car le spectacle semblait tellement intéressant que nul n'avait eu la présence d'esprit d'appeler le SAMU.

Passé le premier choc et après avoir vérifié que la prise en charge médicale était assurée correctement – Madeleine accompagnant ma nonna à l'hôpital –, je revins sur mes pas pour clarifier la situation. Les fidèles étaient partis prier, ne restait plus qu'une jeune femme en pleurs, encadrée par deux messieurs en costume cravate, qui ressemblaient à deux croque-morts.

Le premier se mit à me dire très péremptoirement :

— Elle est tombée toute seule. Il n'y a eu aucun choc.

Le deuxième surenchérit :

— Oui, j'étais à côté, elle aura certainement trébuché, en se faisant un croc-en jambe.

Heureusement, alors, se manifesta la jeune femme en pleurs que se tenait là. Elle finit par m'avouer.

— J'ai reculé, je ne voyais rien à cause de la buée et j'ai malheureusement renversé votre grand-mère.

Je n'avais pas encore lu le traité de Hume sur la nature humaine, mais je venais de vivre un magnifique exemple de bassesse et d'indignité dont seuls certains hommes étaient capables. Fort heureusement, ces fausses déclarations furent rattrapées in extremis par les aveux spontanés de la femme en pleurs.

Nous fîmes donc un constat relatant les circonstances précises de l'accident et le débat se déplaça vers les experts de l'assurance.

— Comprenez-nous, nous sommes désolés pour votre grand-mère, mais elle n'exerce pas le métier de mannequin et à son âge, un nez tordu, une cicatrice, ça se confond avec les rides et les conséquences de la vieillesse, m'avait dit l'inspecteur de l'assurance.

— Elle ne marchait de toute façon pas bien avec les hallux valgus qu'elle avait aux pieds, renchérit le médecin expert payé par la compagnie d'assurance.

— Allons, disons que pour le *pretium doloris*, le préjudice moral étant assez limité, nous vous proposons 30 000 francs (4 500 euros) et vous économisez un procès, une longue procédure avec des experts qui vous confirmeront notre analyse, conclut le sapiteur.

Certaines personnalités peuvent amasser des sommes astronomiques uniquement parce qu'elles ont été photographiées, à leur insu, en train de faire les courses dans un supermarché. Comparez cela au prix ridicule qu'une assurance accepte de débourser pour un nez cassé, un visage déformé, plusieurs semaines d'hospitalisation, sous prétexte que la victime est âgée ! La notion d'équité et de justice prend alors un relief tout relatif ! Si vous êtes vieille et infirme, il vous appartient de payer le chirurgien qui grâce à l'accident améliorera votre apparence. En revanche, si vous êtes célèbre et qu'on vous voit acheter de la crème fraîche entière alors que vous faites de la publicité pour des produits allégés, vous touchez le pactole. Allez comprendre…

Nous refusâmes la première proposition de l'expert et après une contre-expertise par un expert qui, visiblement, connaissait très bien le premier, l'assurance ne proposa plus que 27 000 francs (4 100 euros) à Marie, qui s'empressa d'accepter ce montant de peur de voir réduire en peau de chagrin son *pretium doloris*. Cette somme fut tout de suite distribuée à ses enfants. Quant à moi, ma nonna m'acheta un livre intitulé « *Comment évaluer le préjudice corporel* » ! À défaut d'avoir le sens des affaires, elle conservait au moins celui de l'humour…

Chapitre 38
L'exorciste

Marie avait été renversée devant l'église. Son église ! C'était un abri pour elle qui maîtrisait toutes les règles religieuses et les appliquait tous les jours. Une grande partie de la culture de ma nonna reposait sur le dogme catholique et sa vie de pratiquante. Mais dans le cas présent, cette institution, si vénérable soit-elle, semblait bien impuissante. Toutefois, compte tenu de la torpeur persistante de ma nonna et de l'impuissance de la médecine, le groupe des Barbus décida de faire appel au grand sorcier du village : le curé de la paroisse.

On invita donc le curé Klein, un petit homme rond, chauve avec des lunettes aux branches noires pincées sur un nez en forme de patate, où trônait une grosse verrue, à soulager spirituellement ma nonna, pour lui porter l'extrême-onction.

Ce dernier sacrement était censé augmenter la grâce sanctifiante, effacer les péchés véniels et même les péchés mortels que le malade repentant ne pouvait plus confesser. Il donnait la force de supporter le mal avec patience et de résister aux tentations. Il permettait de mourir saintement.

Mais moi, je refusai que ma nonna meure, même saintement ! L'arrivée du curé ressembla à celle de l'exorciste de William Friedkin. Un chapeau et un manteau noir camouflaient ce prêtre venu du Néant, portant un collier de barbe noire et une sacoche en cuir, oiseau de mauvais augure, prêt à répandre son huile funeste sur le front de ma Marie sans défense. Il monta les escaliers en claudiquant. Épuisé par cet effort que lui imposaient ses kilos en trop, il demanda essoufflé :

— C'est bien ici que repose Marie, la veuve d'Aloyse ?

Repose ? Repose ! Non, mais, et pourquoi pas est enterrée ! Sans hésiter, je chassai prestement l'importun en lui claquant la porte au nez. Je m'enfermai dans le salon transformé en chambre, avec Marie, fermant à double tour toutes les portes pour sécuriser la pièce qui devenait ainsi inaccessible.

Je tournai fébrilement autour du lit de ma nonna en me répétant :

— Repose, repose, repose, n'importe quoi ! Elle n'est pas morte, elle ne fait que dormir, elle n'est pas morte, ma nonna, n'est-ce pas, ma Marie chérie, tu ne fais que dormir, que veux-tu faire d'un curé que tu n'entends même pas, et d'abord, tu ne pourrais même pas communier, ça servirait à quoi ? Repose, repose, quel abruti !

La scène prit, malgré son côté dramatique, une tournure vaudevillesque.

La tante Duduche embraya :

— Victor, ouvre tout de suite cette porte ! Nous savons que tu es là. Ce n'est pas chrétien ce que tu fais là !

— Tu n'es qu'un égoïste, cria la tante Balai !

— Tu crois que nous n'avons pas de peine, dirent en chœur les Barbus et la tante Duduche de rajouter :

— Mamama est une pratiquante et souhaite avoir ce sacrement. Elle t'en voudra à vie si tu n'ouvres pas.

Cause toujours, me dis-je, je ne vais pas constater notre défaite face à la faucheuse, alors que tout espoir n'est pas perdu.

J'étais devenu sourd à la voix stridente de la tante Duduche.

— Victor, ouvre immédiatement cette porte où je vais appeler les pompiers, ordonna-t-elle.

— Les pompiers, et pourquoi pas la Garde républicaine tant que tu y es ?

— Victor ! Monsieur le Curé a d'autres malades à voir. Ce n'est pas correct.

— Qu'il aille les voir, nous n'avons pas besoin de lui ici, ce n'est pas l'heure ni le moment. Au revoir !

De très longues minutes passèrent, tout le monde attendait impatiemment ma réaction. Madeleine prit l'exorciste à part et finit par lui dire, toute contrite :

— Monsieur le curé, pouvez-vous repasser dans une heure, nous allons raisonner mon fils. Excusez-nous, vous comprenez, il est très attaché à sa grand-mère et votre venue l'a fortement perturbé.

J'étais devenu sourd à toutes les demandes qui traversaient la porte de la chambre. Mon ouïe ne fonctionnait plus. Je m'évadais dans le pays des streusels, et des pains d'épices, de Hansel et Gretel, du petit Chaperon Rouge. Je partais dans le monde enchanté des contes des frères Grimm, en me mettant à manger les chamallows qui ne faisaient pas mal aux dents, que ma Marie adorait tellement. Je buvais le sirop préféré de ma nonna, le Citror. Je me mis à dévorer les tartes aux quetsches, aux mirabelles et le Streusel, le délicieux Streusel, l'incomparable Streusel que ma babouchka savait si bien préparer. Je reprenais, pour la troisième fois, du baeckeoffe que ma chère nonna faisait mijoter sur la partie arrière de son poêle à bois. Je lui redemandais un Stop toux, ces bonbons à la réglisse qu'elle conservait dans sa poche.

— Et le Bibeleskas avec les pommes de terre sautées. Tu t'en souviens mamama ou encore la cervelle de mouton, le boudin noir, la choucroute. Pourquoi tu ne m'en referais pas ?

— As-tu faim, Victor ? Je t'ai préparé ton plat préféré. Viens à table. Tu sais, Jean-Pierre Pernot a parlé de l'Alsace hier aux informations, il m'a donné rendez-vous à 13 heures, nous allumerons la télévision, comme cela il pourra voir ce qu'on mange. Je lui ai dit que tu auras de la tarte aux pommes au dessert. Victor c'est l'heure !

Boum, boum, boum. Dépêche-toi, le bus va arriver. Boum, boum, boum.

Le manche du balai cognait vigoureusement le plafond et donc le plancher de ma chambre.

— J'arrive !

— Ton petit déjeuner est prêt. Je t'ai cherché des petits pains frais à la boulangerie. Oui, oui le poêle est allumé. Non, ce n'est pas nécessaire, j'ai déjà rentré les briquettes. Pourquoi tu ne vas plus à l'église, Victor ? Je prierai pour toi, tu devrais au moins y retourner le dimanche…

Je râlais à nouveau, car je venais de tomber sur un coton-tige usagé que ma babouchka, par souci d'économie, n'avait pas jeté, puisqu'un côté n'avait pas été utilisé…

— Mamama, j'ai des amis qui viennent jouer à la belotte ce soir.

— Je te ferai un cake et tu auras du Citror. Je ne vous embêterai pas, tu sais bien que je me couche toujours très tôt.

Je rejouais nos joutes verbales, taquines au second degré. Victor, tu es un mécréant, mais Dieu est patient. Il ne te fermera jamais sa porte.

Mon « réveil matin » devenait froid comme le poêle au lever du jour, ce chauffage vorace et capricieux que ma nonna matinale ne cessait de nourrir pour m'offrir quotidiennement un réveil à bonne température.

Jean-Pierre Pernot avait disparu du petit écran. Heidi avait quitté ses montagnes et la petite Laura Ingalls ne s'était pas relevée en tombant dans la prairie, elle restait couchée, immobile, léthargique.

Simple, simplement bonne, entière, petite et discrète, intelligente et malicieuse, fédératrice, stoïque, courageuse, combative, obstinée, hospitalière, empathique, généreuse, tolérante, bienveillante, sage, curieuse… juste.

Et c'est tout cela que voudrait me prendre la faucheuse sans que je puisse réagir ?

Sans révolte et sans crier mon désespoir à la gueule de cette fossoyeuse ? Sans combattre pour refuser d'accepter l'inacceptable ? Juste admettre que l'heure est arrivée, sans bouger ?

Je me réfugiai dans une hébétude qui semblait durer des heures. Puis, progressivement, je recouvrai mes esprits. J'ouvris soudainement la porte du salon, que j'avais verrouillée, et disparus dans le voile noir jeté sur le village par la nuit.

Chapitre 39
Alsace Lait

Je repris sans réfléchir la route me conduisant vers mon domicile qui était la même que celle allant à Paris.

Me retrouvant derrière un camion de la société « Alsace Lait », je songeai à la vie qu'aurait pu avoir Marie, si elle avait épousé Jean, son laitier.

Mon regard était flou, mes yeux noyés par des larmes de désespoir.

Soudain, deux lumières rouges me sortirent prestement de mes rêveries. Deux phares, crevant la brume, déchirant le brouillard givrant qui nous encerclait. Deux boules de feu qui me firent comprendre qu'il était urgent de freiner. Je pilais de tout mon corps en écrasant la pédale de frein au plancher.

La neige avait transformé la route en une gigantesque patinoire et ma voiture fit plusieurs embardées, pour terminer sa course folle sur le toit.

Je n'ai pas vu de lumière blanche ni senti de chaleur bienfaisante m'attirer vers le Walhalla. Je ne me souviens de plus rien, pas même si ma mamita, ma Marie chérie, ma merveilleuse nonna, mon irremplaçable babouchka, nous a quittés.

Épilogue

Ce matin, ils se sont tous donné rendez-vous devant l'immeuble griot qui ne sait pas encore ce qui l'attend, tout comme les hirondelles qui ont élu domicile sur les poutres de la charpente et gazouillent comme si de rien n'était.

La pelleteuse, les camions, les brouettes et les maçons patientent. C'est le mois de mai, le mois de Marie. Le soleil remplit progressivement le ciel de sa lumière et éparpille les dernières brumes récalcitrantes.

Derrière l'immeuble griot se trouvait un joli jardin, accueillant les enfants, leurs rires et leurs jeux. D'enfants rieurs, le jardin les a transformés en enfants chimpanzés grâce à ses cerisiers.

Mais, par un trait de plume et la magie des règles de l'urbanisme, ce joli jardin est devenu un terrain de construction, émoustillant les convoitises.

L'indivision propriétaire, pour éviter de se diviser, a divisé le patrimoine. Et l'immeuble griot se trouve maintenant à déborder le cheminement vers les futures constructions. Que le père de famille ait été à l'origine d'une seule unité foncière ne semble pas perturber les attributaires du jardin. Il y a tout bonnement un mètre cinquante de trop entravant les passages éventuels des camions incendie.

Alors, le conseil familial a décidé d'employer les grands moyens.

Une pelleteuse énorme brandit son bras menaçant et s'avance, son godet sombre et rouillé forme un poing levé vers le ciel. Autoritaire et agressive, elle progresse vers l'immeuble griot qui commence à s'inquiéter. Son moteur est un dragon crachant de la fumée noire, elle grogne comme un chien Patou. Mais elle n'est pas là pour protéger son troupeau. Bien au contraire, on l'a fait venir pour semer la désolation.

D'un coup, d'un seul, elle abat son poing qui tombe comme le couperet de l'échafaud sur la structure en bois, dans un formidable fracas de bois et de terre. Toute la poussière des siècles amassée s'envole, telle une fumée funeste, pour une dernière incantation céleste. Elle s'y reprendra à trois fois pour que l'immeuble griot rende gorge. Voilà ! C'en est fini de la belle ferme du dix-huitième siècle, de l'église dissimulée au nez et à la barbe des révolutionnaires, de l'auberge improvisée des poètes disparus. Ce n'est plus qu'un tas informe de matériaux épars et de gravats.

Et, dans les décombres de l'immeuble griot démembré, brille au soleil, comme une étoile, un vieux fer à cheval. L'astre s'y reflète et éblouit les thanatopracteurs du bâti qui, en l'observant plus attentivement, découvrent avec stupeur, non point la rosée que le soleil a depuis longtemps dissipée, mais le reflet du visage d'une vieille dame laissant couler, le long de sa joue, une larme.

Bibliographie

Histoire et dictionnaire du temps des lumières 1715-1789, Jean de Viguerie Robert Laffont.

Les Alsaciens-Lorrains dans les camps d'internement du Finistère (1914-1919), Jean-Noël Grandhomme, Professeur agrégé d'histoire à l'Université Marc-Bloch – Strasbourg 2.

La Grande Guerre si loin, si proche, Réflexions sur un centenaire, Jean-Noël Jeanneney, 2013, Seuil.

La vie éternelle – éloge des incrédules, Fernando Savatier, Seuil 2007, Stanislas Leszynski d'Anne Muratori – Philip, 2005, Lafond.

L'Alsace entre France et Allemagne1850-1950, A. Wahl – J. C. Richez, Hachette.

Elsass-Lothringen/Alsace-Lorraine, une nation interdite 1870-1940, Pierri Zindi, Ed Copernic.

Strasbourg pendant la Révolution : L'Alsace française, E. Seinguerlet.

Les Alsaciens-Lorrains dans la Grande Guerre, Jean-Noël Grandhomme, Professeur agrégé d'histoire à l'Université Marc-Bloch

– Strasbourg 2 et Francis Grandhomme docteur en histoire, chercheur associé CRULH et professeur de géographie.

Regards sur la culture judéoalsacienne – La nuée bleue, L'Alsace au XVIIIe siècle, Claude Muller, éditions place Stanislas, 2008.

Le voyage en France à travers les siècles, L. Bonnard, 1927, Touring club de France.

Maurice de Saxe ou le héros du règne de Louis XV, Le Bon, 1854, Barbou Frères.

Le maréchal de Saxe, C. Fallet Rouen Megard et Cie, libraires éditeurs, 1866.

Le Sundgau au XVIIIe siècle, Claude Mulller, Ed COPRUR.

La guerre de la succession d'Autriche, major Z***, Librairie Chapelot, 1913.

Discours de M. Tribout de Morembert, Président de l'Académie Nationale de Metz à la séance solennelle du 7 novembre 1974.

Histoire de France Louis XV, Jules Michelet, Vol XVI, Ed. des Équateurs.

Les métamorphoses de Dieu, Frédéric Lenoir, Plon.

Le miracle Spinoza, Frédéric Lenoir, livre de poche.

Dieu, Frédéric Lenoir, entretiens avec Marie Drucker, Pocket.

Un voyage de Goethe en Basse-Alsace, en Lorraine et en Sarre (été 1770), Jean de Pange : *Goethe en Alsace,* Paris, 1925.

La guerre de 70, François Roth, Ed Pluriel.

La plus belle histoire de la philosophie, Luc Ferry et Claude Capelier, Ed Robert Laffont.

Histoire de l'Alsace, Alsace-Lorraine : Histoire d'un « pays perdu » de 1870 à nos jours, François Roth, Poche, 2019.

Tambov dans l'Histoire et Mémoire de l'Alsace-Moselle de 1943 à nos jours, Laurent Kleinhentz, Thèse, 2020, Université de Lorraine.

La mort, Vladimir Jankevitch, Ed. Flammarion, 2008.

Wikipédia.

Remerciements

Un premier roman est un peu comme un premier enfant. Le parent inexpérimenté doit s'entourer de personnes avisées. Je dois beaucoup à mon ami Jacques Gaillard pour ses conseils bienveillants et sa relecture attentive. Qu'il en soit infiniment remercié.

Imprimé en Allemagne
Achevé d'imprimer en juin 2023
Dépôt légal : juin 2023

Pour

Le Lys Bleu Éditions
40, rue du Louvre
75001 Paris

www.ingramcontent.com/pod-product-compliance
Lightning Source LLC
LaVergne TN
LVHW010553160826
845677LV00013B/3111

* 9 7 9 1 0 3 7 7 9 8 8 2 4 *